俞平伯（1900～1990）

摄影 邓伟

年轻时代的俞平伯

俞平伯夫妇与父母在中山公园

全神贯注

字斟句酌

1986 年在香港潘耀明寓所

1989 年 89 岁生日

相濡以沫

形影不离

此心安处是吾乡
　蓋述东坡句
忠厚自有餘地步
和平养无限天机
棐屋方戊辰冬
　　平伯

手迹

俞平伯与叶圣陶手迹

九十寿辰

卓尔文库·自在文丛

布衣本色

——俞平伯身边的人和事

韦奈 著

海天出版社（中国·深圳）

图书在版编目（CIP）数据

布衣本色：俞平伯身边的人和事／韦奈著．— 深圳：海天出版社，2017.4
（卓尔文库·自在文丛）
ISBN 978-7-5507-1876-0

I.①布…　II.①韦…　III.①俞平伯（1900-1990）- 生平事迹　IV.① K825.6

中国版本图书馆 CIP 数据核字 (2017) 第 040130 号

布衣本色：俞平伯身边的人和事
BUYI BENSE：YUPINGBO SHENBIAN DE REN HE SHI

出 版 人：聂雄前
出 品 人：刘明清
责任编辑：王媛媛
特约编辑：李晓娟
责任印制：李冬梅
封面题签：姚季方
装帧设计：浪波湾工作室

出版发行：海天出版社
地　　址：深圳市彩田南路海天综合大厦（518033）
经　　销：全国新华书店
印　　刷：北京华联印刷有限公司
开　　本：850 毫米 ×1168 毫米　1/32
字　　数：190 千
印　　张：10
版　　次：2017 年 4 月第 1 版第 1 次印刷
定　　价：58.00 元

策　　划：大道行思文化传媒有限公司
地　　址：北京市海淀区蓝靛厂南路 55 号金威大厦 707—708 室（100097）
电　　话：编辑部（010-51505219）　　　发行部（010-51505079）
网　　址：www.ompbj.com　　　　　　邮箱：ompbj@ompbj.com
新浪微博：@ 大道行思传媒　　　　　微信：大道行思传媒（ID：ompbj01）

自　序

我的外公，俞平伯。

自我两岁从广州到北京，四十余年追随始终。

在他身边长大是幸福的。这幸福难以用笔墨形容，是因为他的教诲多在行动之中。还记得我第一次将散文《黄山记游》拿给他看，几日后方交还我手中，只说："拿去看。"我看了，改动很多，却都是在做"减法"。待改后再拿给他看，说："好了许多。"此后文字写多了，便慢慢悟出他每次给我改文章的道理，可总结为两个字：精练。所以每动笔，总是十分小心，不敢有一丝马虎。

在他身边长大是快乐的。这快乐难以用言语描述，是因为那快乐在生活的每一个细节之中。还记得 1970 年我从北京到河南息县东岳集去看望在干校的二老，初见那居住环境，着实让我大吃一惊，不知该说些什么。但在紧紧拥抱后，他说的第一句话是："明天有集市，可买油条来吃。"我那颗悬着的心顿时放了下来，在一个懂得生活、会生活、永远快乐的人面前，我的忧虑是多余的。

1986 年，我（韦奈）和外公（俞平伯）在香港

　　在他身边长大是丰富的。这丰富难以用"度"去衡量，是因为那丰富在高朋满座的客厅里，在那一群文学巨匠的言谈话语中，在他的字里行间。还记得小时候，我挨在客厅的角落，听那些我尚不甚解的谈话；记得我拿着古文、诗词在他面前背诵；记得日常生活中我们每一次谈话……那潜移默化的熏陶使我终身受益。因着他的丰富，我也有了小小的"富有"。

　　在他身边长大，我长大，他离去了。用什么纪念他呢？唯有文字。这些年来，我所作所写都围绕着他，不为别的，只为让更多的人知道、了解、懂得这位中国文学史上的巨匠——一个普通的人。

　　写他，于我只有一个"情"字，是因为他本多情。他可以一口拒绝做种种顾问，挂各种虚衔；他能把前来采访的记者拒之门外；他会在问及《红楼梦》时闭口不语；他宁可挨整也不给"四人帮"写"效忠信"……但就是这么个倔老头儿，把一生的"情"都注入他的笔墨之中。他把"情"留给"西湖的六月十八夜"，留给"桨声灯影里的秦淮河"，留给"陶然亭的雪"；他把"情"留给那农村广袤的土地——为那仅仅一年的干校生活；他把"情"留给夫人，留给儿孙，留给挚友；他把"情"留在那让他吃尽苦头的"梦"中。

1986年他在"纪念俞平伯从事学术活动65周年纪念会"发言中说道："往事如尘，回头一看，真有点儿像'旧时月色'了。"他回首似旧时月色，我写他月色朦胧，然而月色依旧明亮——在我永久的记忆里。

本书根据我所作《旧时月色——俞平伯身边的人和事》（中国华侨出版社2012年）增删修改。承蒙深圳出版发行集团垂爱，将本书出版。

感谢亲友们关心支持，热心提供资料。

想念您，亲爱的外公，谨将此书献给您，希望您喜欢！

目 录

开篇　布衣本色

扉页的照片出自著名摄影师邓伟（1959～2013）之手，他是第一位环球拍摄世界名人的摄影家。这张照片拍摄的时间在20世纪70年代末，也是邓伟开始拍摄世界名人之旅的第一幅作品。

还记得那天有人敲门，我去开门，见到一位二十来岁的年轻人，他自报来意，说要拍一组世界名人的照片，俞先生是他选的第一个人。我一听，麻烦大啦！我可是知道外公的脾气，他特别不喜欢交际就甭说了，更怕见记者问这问那或者拍照什么的，所以就没敢贸然答应，只说："你先在门口等等！"等什么呢？当然是要等我先问过外公，他那倔脾气，只要张口说了"不"字，那就啥也别想了。

走进外公的卧房，见他正和衣躺在床上。他从来都是这样的，这也属于他那"大水养鱼法"生活方式的一部分。"大水养鱼法"说白了就是想吃就吃，想睡就睡，无拘无束，顺其自然。这活法儿实在是忒好，多自在啊！

见他醒着，我就贴在他耳朵旁边大声告诉他有人想给他拍照。不出所料，他立刻满脸不高兴地嘟囔："我又没什么好看！有什么可拍的！"眼看这事儿要"黄"了，我马上哄着说："人家都到了家门口，又是个年轻人，拒绝是不是有点儿不好？"凭我的经验，这么说没准儿能管用。只见他耷拉着个脸，嘴里却说："要拍就拍吧！"我忙献殷勤地把他从床上扶起来，看他那一身脏啦吧唧让烟灰给烧得大窟窿小眼子的衣服，本想让他换一件，转念一想，万一说要换衣服，他真没准儿张口就说："那就不用拍了！"我就别节外生枝给自己找麻烦了。就这么着，他光着脚趿着一双布鞋走到客厅。请邓伟进来，在门口，我悄声对邓伟解释说老人家很倔强，不能让他换衣服，你要是看着行，就这么凑合着拍吧。邓伟说："这就很好，这就很好，不要难为老人家。"他环顾了一下客厅的环境，把放在窗前的一张小沙发椅拉到书柜前，书柜上堆满了书，"书似青山常乱叠"没准儿说的就是我外公的书柜。

搀着外公坐下，看他满脸不高兴的样子，也没辙。他的脾气我知道，越是说得多，他就越跟你犟。就这样，邓伟很快地按动了快门，仅几分钟便完成了这幅作品。

没想到这幅作品成了邓伟最喜爱的一张，依他的话说是拍出了俞先生的本色，是很难得的！

一身布衣，一双布鞋，这就是我的外公。在他的一生中，除青年时代两次出国穿过西装以外，布衣伴他一生，无论出席全国人民代表大会、中国人民政治协商会议，还是赴香港讲学，他始终不变。

　　布衣好啊！朴实自然，没半点儿矫揉造作。布衣本色！这本色，不在他的外表，而在他的内心深处。他做学问的原则、处世为人的方法、对待生活的态度都与这一袭布衣保持着完全的一致，俯仰无愧于他那充实、坎坷，却又是十分精彩的一生。

一、老君堂七十九号

说我的外公，不能不提到位于北京的老君堂七十九号。1915年之前，外公俞平伯与父母一家人住在苏州，那年他考入国立北京大学文学部。他的父亲俞陛云为了照顾上学的他，决定搬迁到北京，把家安在了东华门箭杆胡同，1917年外公与外婆在那里结婚。两年后的1919年，俞陛云买下了位于北京东城区的老君堂七十九号一处大宅，一家人搬迁至此，一住就是47年，直到1969年11月17日外公和外婆随中国科学院哲学社会科学部文学研究所下放到河南息县干校，从此再没回去过。

四十余年，老君堂在外公的一生中占有重要的地位，《红楼梦研究》《红楼梦八十回校本》《金陵十二钗的分析》《唐宋词选释》等许多重要著作都是在这里完成的，北京昆曲研习社在这里成立。我追随着它长大……因此，有必要细述老君堂七十九号，那是一个时代的回忆，一段在我一生中不可抹去的记忆——伴随着美好与心酸。

老君堂胡同

20 世纪 30 年代，祖孙三代在老君堂合影，
现影像已模糊
前排左起：俞陛云、许之仙
后排左起：俞成、许宝驯、俞平伯、俞欣

老君堂是北京一条胡同，用老北京的话，那地界儿叫齐化门，现如今叫朝阳门。老君堂就位于齐化门脸儿，现如今叫朝阳门内。

我小的时候，北京城被城墙围着，东西南北立着城门楼，内城有九门：正阳门、崇文门、宣武门、朝阳门、阜成门、东直门、西直门、安定门、德胜门；外城有七门：永定门、左安门、右安门、广渠门、广安门、东便门、西便门；还有皇城四门：天安门、地安门、东安门、西安门。这门那门都有别名，譬如说吧，前门叫正阳门，宣武门叫顺承门，西直门叫和义门……大多是元代的称呼。各门有各门的分工，我家靠近的朝阳门，是北京的粮门，城外的护城河连接着京杭大运河。东直门走运木材的车，阜城门走从门头沟过来的煤车，西直门走水车，皇上喝的水都从西山那边取了，过西直门直奔故宫……分工明确各司其职。有了城墙围着，城门楼挡着，这北京冬天就少了风沙，打北边儿来的寒流到此也缓和几分。在儿时的印象中，从不知沙尘暴为何物，不像现如今一会儿沙尘暴一会儿雾霾的，吓得人不敢出门儿。

后来都拆了，拆了就变了，味儿变了，气候也变了，反正是全变了。

老君堂胡同挺长，一头通齐化门，一头通大马路，我小时候还都是土铺的路面，坑坑

1951年老君堂家中合影
前中：许之仙、韦梅
后排左起：许宝驯、俞平伯、俞成、陈旭怀抱俞华栋、俞润民

洼洼，下雨一滩泥，晴天一片土，还得有人拉着个车，车上放个大木桶，木桶里盛满清水，桶后面拴着一根长长的竹竿，竹竿都扎了小孔，水就涓涓细流着，均匀地洒，那干燥的土，也就湿润了，尘不见了，散发出一股泥土的香气铺天盖地，把鼻子眼睛耳朵头发都填得满满当当，让人有一股子说不出的爽快。自打那时起，我就偏爱这水浇土的香。后来在乡下，那暴雨敲打着土地，也就立刻散发出打小儿就闻惯的味道，仿佛一下子就把我推回到老君堂胡同，推回到那无忧无虑的童年。

　　胡同里有个老君庙，庙里没和尚，也就黑洞洞的没了生气。起初，还有小脚老太太拐趷着去烧烓香，那香火惨惨的红，阴阴的亮。到后来，小脚老太太也不拐趷了，香火就没了，太上老君另寻他处，那唯一的一点儿惨红阴亮再不见，这庙就荒了，荒得厉害，荒得吓人。小孩子一闹，大人就忙不迭喊着"再闹就把你放庙里去"，立马儿就没了声响。到后来，那地界儿就好似变成了茅厕，尽是些屎啊尿的，老远就闻到一股股的骚臭气。再到后来，也不知是什么时候，有人把那庙给改造了一下，搬了进去住，就成了一户人家，炉火烧得通红锃亮，炒菜的香气突着往外冒，恨不能把满条胡同都染了，恨不能一胡同的人都挤进去尝尝。再再后来，那原是庙的庙里就冒出了好几个高着矮着胖着瘦着的娃儿，黑脸儿黑手黑脚巴丫，冬天鼻涕挂着直往里吸溜。在我家老妈子的嘴里，那是野孩子，让我们少搭理他们，说是会学坏的。将信将疑的，也就真的少与他们来往。再到大大后来，人家造反都闯进了我们家大院儿，造足了反，就索性搬进去住了，那原来是庙的庙又挤进了另一家，很快又突地冒出炒菜的香气，冒出好几个娃儿。

　　这胡同借着靠近齐化门脸儿的光，就有了许多方便。

　　齐化门楼子高着，城墙延着，走出城门洞有护城河绕着，一条铁路弯着，时时有冒着黑烟的火车突突地吞云吐雾。跨过铁路就是一片荒凉，一片土地种着庄稼，远远的有几排红砖平房，墙上画着好大好大的白圈，一个接一个，说是为防狼画上的，问管用吗？答说谁知道！

　　靠近齐化门脸儿，城外的农民就很方便地涌进了这胡同，一大清早是菜市，一摊摊的摆着赤橙黄绿青蓝紫，一筐筐满是顶花儿的黄瓜谢花的藕，满世界水水灵灵。隔天没了菜市，变成了果市，把头天留下的赤橙黄绿青蓝紫再染上一层层的果香。菜市果市撤了，就是小商小贩的天下，从早到晚不停地逛。送水的拉着个大木桶，稀里哗啦的咣当着，把那后面的木栓用木锤那么一敲，水就冒着泡儿进了两个大木桶，挑着咣当着进了人家往水缸里一倒，稀里哗啦缸就满了。走出门不忘在门框上拿白粉笔画个×，按月结算，没人想到把那×给涂了少交钱，那是个童叟无欺的世界，清亮得很。我们家门框上没有他画下的白×，用自来水，不是家家都有得用，所以就传说着是大户有钱的人家。送水的老头儿拉着木车木桶咣当着走了，洒了满地的水，车后就飘出了土的香气。他走了，卖冰糖葫芦的来了，"冰糖葫芦刚粘得——"拖着透明晶亮甜着的长音，冰糖葫芦摆放得整齐，山楂是去了核儿的，熟山楂是压扁的，有夹着豆沙馅儿的，荸荠是黑的，海棠是粉的，葡萄是紫的，琳琅满目，看着就流口水。他前脚吆喝着过去，卖杂拌儿糖的跟着来，胸前挂个玻璃匣子，一小格一小格的各色糖果泛着好多好多颜色，不知为什么，他不吆喝，吹着个破号嘀嘀嗒嗒。卖酸枣面儿、红果酪的叫"王八精"，手里拿着两个黄铜响板敲得清脆，黄黄的酸枣面儿、红红透明的山楂酪、白白的关东糖诱着跟在他屁股后头叫嚷着"王八精""王八精"的小孩儿，就有小孩儿花两分钱买了吃，气得叫嚷着"王八精"的小孩儿干瞪眼儿。那是个挺麻利干净的瘦老头儿，怎么就叫"王八精"，至今不解。还有收破烂的大脖子女人，背着个麻袋，甭管收了什么统统往里一塞，脏兮兮的手脸头发，汗毛孔冒出的汗也是脏兮兮的。剃头的，左手里拿一把大音叉，用右手里的钢棍一划，就发出"嗡嗡"的声响。他肩上一个挑子，一头儿是带小抽屉的木箱，装剃头的家什儿；另一头儿小火炉上烧一盆热水，歇后语"剃头的挑子一头儿热"就是这么来的。那把刮刀利刃闪着寒光，热毛巾往头上脸上一铺，三下五除二就把个脑壳刮得直冒亮光。那脸盆里冒热气儿的水，谁来谁用，没一会儿就漂着一层黑不溜秋的沫子，卫生绝对说不上。到了晚上，先来的是卖心里美萝卜的，"萝卜赛梨，辣了换"，有股子倔劲儿，口气坚决得很，大有不信你就来试试的劲头。冬天冷，怕萝卜冻了没人买，便用一块棉被盖得严严实实，一盏汽灯锃明锃亮的，来了买主，一把弯着的刀麻利到只听见"刷刷"声，三下五除二就开花似地把个紫里透白、白里透红、红里透亮的萝卜递到手中，脆啊甜啊水水儿的。这时我和妹妹就非磨着我妈要买来吃，拿上五分钱就飞快地往大门外跑，生怕跑慢了走远了。买回来就围着火炉吃，我妈就念叨着"吃萝卜喝热茶，气得大夫满街爬"，我们也就跟着山歌般地唱。再迟，是卖硬面饽饽的，"硬面儿饽饽"最后一个"饽"字又短又乏，有气无力的凄凉。等他走了，这胡同一天的闹就静了，偶尔的一只猫蹿过留下极轻极轻，轻到听不到的"刷"的一声。月明在正当中，星铺满着，天河牛郎织女北斗七星一颗颗地摆在那儿不动，光眨眼儿。齐化门楼觑着老君堂，觑着一家紧挨着一家的院落，城墙黑着脸围着，狼进不来风刮不透，护着满世界的安睡。

这就是紧贴着齐化门脸儿的老君堂，就么一条胡同普普通通，不显鼻子不显眼儿的，却有一大堆说不完的故事。

七十九号

老君堂七十九号可是响当当的，响到这胡同里没人不知道，响到隔壁的几条胡同都知道老君堂里有个七十九号，住的是名人，住的是有钱人家。其实，他们只说对了一半，名人是有一个，我外公，可要说有钱真是冤枉，读书人家，哪里会有钱。这有三层高台阶走上去迎面黑大门上的对联为证，红漆大字写着："忠厚传家久，诗书继世长"，一看就是读书人家。那十个字被红漆漆得鲜红锃亮，清水般的水灵着，跟那斜对门儿的老君庙对着，就更显得生气勃勃，漂漂亮亮大大方方。所以尽管满世界都知道老君堂有个七十九号，可这住在里面的人，绝不是有钱人，有钱得做做大买卖，原来是，现在还照样儿。但这误会就一直这么误会着，直误会到有一天我们被扫地出门。

七十九号，是个几进几出，带着三四个跨院的大四合院。推开那两扇黑色的大门，门厅两侧摆着两条挺宽挺长的已经斑驳脱落的绿漆长凳,是给车夫歇脚用的,后来没了车夫坐,也就成了我们小孩儿玩耍的好去处,像走平衡木样儿地走来走去,甭管平衡好不好,也不会摔下来,它挺宽。

门厅右侧一个小院,只一间不大的房当门房用,类似现在的传达室,空着。

左手边跨院,一排北房,住着与我家颇有些渊源的蒋姓一家(后文述)。过了门厅下得台阶,迎面是一溜儿六扇绿色漂碎金花的门被一条长长的木栓闩着。这六扇门平日里是不开的,唯有婚丧嫁娶才偶尔一开,家中老妈子说等你娶媳妇的时候,这门就开啦,我打心里挺想让它开的,终也没等到。

不走这六扇门,旁边有一道走廊,拐着弯儿绕过去豁然开朗,东西南北房正襟危坐,玻璃窗明亮得能照见人,几根红漆柱子落在石墩子上,硬朗朗竖着,连房檐上椽子都漆了绿,红绿交接着,就把这东西南北房撑得踏踏实实。这东西南北房又被回廊绕着,下雨淋不着,下雪洒不上,太阳见了廊子也就适可而止,冬暖夏凉。院当中摆一小石桌,没什么太大用处,却居中摆得四平八稳,像是给那东西南北房吃了颗定心丸似的。冬天的早晨推窗一望,能看见石桌上尺厚的雪,有麻雀的小脚印,便大喊,妈!下雪啦,好大呢!

院四围,东西南北角儿上,有四棵树,东南角儿是紫丁香,开春儿它等不及地把一树的紫色堆出来,堆得满满的,我家东窗就映上它的紫,更甭说那香气了,香的甜啊,甜的腻啊,全身也就腻腻歪歪地沾满了丁香的气味儿丁香的甜。更有蜂儿蝶儿恋着，染了紫染了甜染了香还不肯离去，就那么恋着腻着。

丁香树对面的西南角儿是棵梨树，像是要跟丁香对着干似的，你开紫，我开白，一夜就雪染了，白得灿烂，于是那淡黄的花蕊就分明地摆着，细细镶嵌着，就有了"突如一夜春风来，千树万树梨花开"的诗句，诗人定是见过这梨花开的盛景，我也就懵懂着看那花似雪，雪似花了。

对着梨树的西北角儿，种了一棵柿子树，花虽开得不漂亮，但从绿到金黄的果实却是满满的丁零当啷地挂着，待它们变得软软的时候就摘来吃，吸溜一口蜜样甜，金黄挂满嘴边。可惜太高的摘不到，只白白的在夜里听它们"噼啪"地摔在地上，声音绵绵的软软的甜，碎在地上可怜。

对着梨树的东北角儿是一棵参天的老榕花树，它不跟丁香、梨花争奇斗艳，静静儿地等着，等它们闹完了，盛夏了，便火红火红地开放，细丝儿堆起来的花朵像一把把打开的红伞，白天它静着，一待黄昏，便毫不犹豫地把那浓香一股脑儿地抛撒出来，不似丁香甜，没有梨花腻，香得清秀醉人。我外公就诗兴大发，有"看花二首"：

> 燕京游赏最匆匆，桃杏先春不耐风。
> 见得花王须秉烛，藤萝纤紫海棠红。

梨英未必逊丁香，素艳同登白玉堂。

何事春归恼红药，折为瓶供殿群芳。

于是，我就被这花、这紫、这红、这白、这金黄包围着，在它们的包围中长着大着。

这主院有三处门通着跨院，一厢是花园似的小院，南北两排房，北房当作外公的书房，东西两侧是花木，有一棵很老很高很大的榆树，开花淡紫色，香气扑鼻。树对面是藤萝架，花开紫色深深，淡紫深紫就绕着书房，书香花香搅在一起分不清。外公把榆树当槐树，名为"槐屋"的书房，外公的别名"古槐过客"因此而来。这"过客"用得真是好！人生怎比得百年古树，匆匆过客而已。在书房里留出一间摆着先祖的牌位，逢年节，就要烧香摆供磕头祭拜，我妈说她是洋派不兴磕头，我外公外婆也就依着她不计较。按辈分轮流着，我们自然是耗到最后，鞠个躬了事，盼的是后面那些美味佳肴。

另一处跨院，先是一间足够大的厨房，三眼大灶炉火通红，一个水缸卧在灶眼旁边，无论何时总有热水，到早晨那一夜没用过的水滚烫冒着白汽，偌大一个厨房也就雾气腾腾潮热着温暖着。厨房旁边有个小饭厅，没在那儿吃过饭，只堆着些杂什物品，门常锁着，也就好奇，趁偶尔大人走神儿忘了锁门，便溜进去看，也实在是没什么好玩儿，就灰头灰脸地溜出来。过了厨房，又是一个跨院，东房年久失修破破烂烂的勉强站着，黑洞洞的屋里摆着一口棺木，是给老太外婆备下的，就觉得吓人，因害怕很少去。对着棺木的窗外，长着一棵高大粗壮的海棠树，开花结果，却从不去摘，任由果子落满地，就是有点儿怕，怕被那冷冷的棺木给看见。

再往里走，一排三间南房，住着高妈一家，她老头儿我们只管叫他老寇，有一个独女叫寇玉巧。老寇是早先家里的车夫，后来不时兴拉车，就打扫院子，每天一大早我们还都在被窝儿里，就能听见他那把大扫帚稀里哗啦扫个不停，把那一地的紫，一地的白，一地的红全都扫了，静了。就有一搭无一搭地想或该学学林黛玉把这满地落红给葬了，却少那份雅兴清高，光顾着玩儿。高妈老了，不做饭闲待着，闲了就叫我们去她家玩儿，可还得走过那摆放着棺木的东房，也就怕，少去。

冬天的夜很长，闲着没事儿，就打开一个已经很破很旧的日本话匣子听，听那里面的音乐，似懂非懂地听我妈讲贝多芬、莫扎特还有巴赫，就从小埋下了根，与音乐有着一份后来的不解之缘。煤火炉上靠着一壶水，滚滚地冒着热气，把屋子也弄得暖洋洋，靠着烟囱边儿，烤着几块已经变得干干的馒头，吃起来又脆又香，回味至今。等听到"硬面饽饽"的叫卖声，就知道到了该去睡觉的时候，钻进冰凉略带潮湿的被窝儿，冷得直叫唤，很快我妈来了，就暖了热了，就依着睡了。蒙眬中，能偶尔听到外公的脚步声，在走廊里踱来踱去，换成是夏天，能听到他那把大蒲扇摇来换去地响，羡慕着他不用被吆喝着上床睡觉，羡慕着他那份惬意。到后来才知道，他踱着酝酿着好大好大的文章，思想着好大好大的学问。

老君堂七十九号，就是这么个大宅院，深深几许。深得大门常闭，静得只能把学问做足，美得把我的童年紧绕着。

七十九号的破败

老君堂七十九号的破败始于1966年的抄家，那天傍晚淅淅沥沥下起了雨，有一种不祥之感。到晚上，一群由街道乌合之众组织起来的"红卫兵"闯进家门，他们的狂暴和残忍，至今想起来仍令人发指。"俞平伯出来！""打倒牛鬼蛇神！"的吼叫声不断。这一群暴徒，先是把所有房间翻了个底儿朝天，俞氏家族几代人的藏书，就被他们扔到院子里，任由践踏。书的香气没了，代之的是焚烧和撕扯。但令"红卫兵"失望的是，除了书，找不到金银财宝，不是有钱人家吗？说不定藏在哪儿，"不老实！""打！打！打！"他们怎么会知道被毁掉的是什么，是怎样的珍贵！我还清楚地记得，到后来落实政策归还被抄走的书时，外公很是高兴，忙让我去领取，可等到把书拉回来，他翻了翻，淡淡地说："你把它整理好，列个书目收起来吧。"失望的神情挂在他的脸上。这些书，不足原藏书的三分之一，且有价值的书都不见了。能不伤心吗？

被抄家的那个晚上，外公外婆被人群围在院子当中，被推着打着骂着，外婆的头发被剪得乱七八糟。更为可怜的是我的太外婆，"红卫兵"不仅毁掉了那近80岁老人的寿材，还把从箱子里翻出来的寿衣穿在她身上，让外公外婆跪着做号哭状。此后，他们被赶到跨院的三间北房去住，我们家就干脆给轰了出去，住进隔壁的老君堂七十八号一间11平方米的西房。

那年我下了乡，等好不容易盼到能回家，第一件事就是去看望已经搬进跨院的外公外婆。那天外公不在家，外婆见我来了，颇紧张了一番，生怕被人发现似的。"你能来看我真好！"颤抖的声音伴着那慌乱的眼神，立刻让我感觉到她所受到的惊吓。我的太外婆木讷地看着我，已经认不出我是谁。有一天我再去，终于见到了外公，他询问我在农村的情况，却很少说他自己。由于工资被冻结，看他抽廉价的"海河牌"香烟，便问这烟还好抽吗？他笑笑说："还不错。"我相信他说的是真话，像他对待日常生活一样，喜欢吃，却从不挑剔，离不开香烟，却是重"量"不重"质"。

"红卫兵"抄家的一幕，外公外婆在"文化大革命"中所受到的折磨，以及此后去干校的一路坎坷，与所有经受过苦难的人们一样，无须也不必多说。要说的是，外公以一种令人吃惊的豁达，坦然面对，"不以物喜，不以己悲"的大家风度正是他的真实写照。

就这么着，老君堂七十九号开始走下坡路，1969年11月15日，外公外婆动身去了河南干校，从此离开了七十九号，就再也没回去过。等到房产归还后，问外公要不要搬回去住，他断然没商量地一口回绝，再问要不要回去看看，同样遭到拒绝，所以在干校时他写了"绿荫庭院休回首，应许他乡胜故乡"的诗句。他根本不愿意回首往事，也从来再没听他提起过一句与老君堂有关的事儿，是彻底受伤了，伤得不轻，只是不说罢了。

七十九号从抄家那时起，就被"街道积极分子""小脚侦缉队""红五类"强行霸占，当成了他们自己的家，成了个大杂院。那敢情好，不费吹灰之力，改善了居住条件，大人小孩儿不用挤在一间屋里了。更有甚者，有一家索性在主院东房前砌了一道墙，四合院就变成三合院了，他们住着当然是爽了，这一爽就直到现在。那后面的跨院就更甭提了，你加盖一间，他堵了通道当厨房，挤得像北京高峰时的地铁，衣服大裤衩子胸罩，丁零当啷挂着。照说是该把他们请出吧？不行，得给拆迁费，开口要价就是天价，还像当年那么霸道，无论谁也动弹他们不得！

后来，老君堂要改造，所有的房子统统拆掉，只靠北京文物管理局一句话说要保留俞平伯故居，也就没拆。没拆是没拆，但搬迁费、修缮费、维护费又从哪里来，也就一直这么拖着。拖到高楼大厦都盖好了，原住民都搬回去了，也没个动静。

那年，"凤凰卫视"要做个节目，我陪他们去老君堂胡同，开车转悠了半天，就是找不见七十九号的影子，其实车已经来回来去经过那里好多次，只是我的眼睛出了毛病，哪儿会相信眼前所见到的景象：高楼大厦遮挡挤压着那片平房，显得那么不相称不相当不协调。黑漆的大门变成了红色，"忠厚传家久，读书继世长"的对联早不知去了哪里，高高的三层台阶变成了一层，大门紧闭，想从跨院进去，早给堵了个严严实实。电视台想拍拍原来那当作书房的跨院，敲了半天那不知什么时候加上的一道铁门，好不容易有人来开了门，说明来意，那只穿了个背心，奓拉着两个大奶子

如今已经破败的老君堂七十九号

的女人凶神恶煞地喊道："拍什么拍，有什么可拍的！"好像生怕我们这一拍，就把他们给拍了出去！只好再转头去敲大门，来了个看院子的开门，说明来意倒也和气，说进来看看吧。

不见了回廊四绕，不见了盛开的丁香，梨树上孤零零地挂着几个长满虫子的干巴巴的小梨，红漆柱子斑驳脱落，房瓦四散露着天，"蛛丝儿结满黄梁"……我木讷呆立着，听看门的人说："毁啦，全毁啦！"眼泪也就流下来，为我的童年，为我曾有过的记忆，为我外公夏夜独自一人扇着蒲扇惬意的冥想……

这就是七十九号的今天。为之伤感过后，突然想明白了什么叫历史，历史总是会被湮灭的，所有的人和事总有烟消云散的

已无花香的老君堂七十九号

一天。突然彻悟"乱轰轰，你方唱罢，我登场"。于是，也就少了伤感。只是至今，我所有的梦仍然全部发生在老君堂七十九号。

　　我的老君堂七十九号啊！

二、书香俞氏

故乡德清

"人有德行，如水至清"。德清虽只是一座县城，却有着这么一个有德有行、响当当的名称来历。而从这里走出的南朝的文学家沈约、唐代诗人孟郊、清朝画家沈诠、我外公的高祖俞樾等一批文人学者更为"人有德行，如水至清"增添了人文佐证。

这就是我外公的故乡——浙江省湖州市德清县，这里……

有莫干山。想知道什么是"如雨后春笋般……"吗？想知道"停车坐爱枫林晚，霜叶红于二月花"的诗意吗？莫干山会告诉你。她四季分明，千姿百态，修竹绿阴如海，婀娜多娇。也就难怪蒋介石与宋美玲选在这里度蜜月。现如今那蜜月房子还在，"总统府"的牌子也挂着，只是人潮如涌，乱了闹了，少了当年的静、美、甜、蜜。

有下渚湖湿地，百鸟栖息，白鹭成群，鱼儿跳跃着泛起一片片涟漪就那么轻轻地散开去，也就把那水的清绿传向远方。

到近几年，又多了"洋家乐"，外国人开的，有好多好多家，高级得很，虽然价钱够一呛，每逢假期还订不到房间——有钱，日子好过了。

外公的老祖——德清俞太师俞樾

德清有个南埭村，现如今叫"星火村"（显见着不如老名字好听顺耳）。那里早年间曾有一个屋子叫"鹊喜楼"，鹊喜楼无疑是有喜鹊，果真那屋前就有一棵老树，树上喜鹊搭了个窝，叽叽喳喳地叫。我外公的曾祖俞樾（字荫甫，号曲园，

俞樾（1821~1907）
此为外公为其曾祖翻拍的遗像

1821~1907，经学大师，文学家）就在这里出生。那时他的父亲俞鸿渐在京城任职，得子的喜讯很快传了过去。这在俞樾《曲园自述诗》中有所记述：

苏州马医科巷曲园俞樾故居

乌巾山下旧居家，鹊喜楼头静不哗。

一夜春风吹喜气，迢迢千里到京华。

　　俞樾成就功名的年龄很晚，24 岁才考中举人，30 岁中进士，此后在"复试"中夺得第一，在当年称为"复元"，也是很荣耀的事。他之所以能够在复试取得第一的成绩，与主考官曾国藩有着直接的关系。他的考题是："淡烟疏雨落花天"，俞樾的试卷，上手的第一句便是："花落春仍在"，这让曾国藩大为赏识。也因此，俞樾将他的室名题为"春在堂"，并始终与曾国藩保持着良好的关系。曾国藩为他亲笔书写"春在堂"的匾额，存留至今。

　　1855 年，俞樾任河南学政，但当官没多久，便因"试题割裂经文"遭御史曹登镛劾奏被罢官。坏事儿也就变成了好事儿。从此他潜心于学问，尤其是对先秦经典和诸子百家的学说进行了深入的研究。他曾在苏州主讲"紫阳书院"，在杭州主讲"诂经精舍"，致力于教育，辛勤笔耕，成为晚清著名的国学大师、教育家、书法家。吴昌硕、章太炎等人，都是他的得意门生。他的著作，仅《春在堂全书》就有 276 卷之多，并有《群经平仪》《小浮

俞樾（中）俞陛云（右）和俞平伯

梅闲话》《右台仙馆笔记》《茶香室杂钞》《诸子平仪》等著作。李鸿章曾为他题写"德清俞太师著书之庐"的匾额，可见俞樾在学术上的地位。俞樾在寒山寺所书"月落乌啼霜满天"碑的拓片至今仍为许多人喜爱、收藏。俞樾的学生为他在杭州西湖边建造的"俞楼"，如今已改为"俞樾纪念馆"，供后人瞻仰。

我的外公俞平伯是在俞樾80岁的时候出生的，能在八十高龄见到曾孙一辈，俞樾的喜悦之情自不待细说。

俞樾与我的外公幼时的合影弥足珍贵，这是因为当时要拍照片是一件非常困难的事，而迷信的说法是，拍照会把灵魂抓走。但俞樾是很开明的，才不信那一套，也就有了这张拍于苏州曲园的照片留存。有诗记述：

寒山寺《月落乌啼碑拓片》

衰翁八十雪盈头，多事还将幻相留。

杜老布衣原本色，谪仙宫锦亦风流。

孙曾随侍成家庆，朝野传观到海陬。

欲为影堂存一纸，写真更与画工谋。

在俞樾所写的四首与外公出生有关的诗中，也都有些故事，是很有趣的。

吾生腊月刚初二，此子还迟五日生。

却好良辰逢腊八，不虚吉月是嘉平。

夜阑回忆我生前，尚有先人旧句传，

七十九年春不老，又吹喜气到幽燕。

俞樾与4岁的俞平伯（1904）

外公出生于腊月初八日，比俞樾的出生日晚五天。所以外公的生日非常好记，只要到喝腊八粥那天，也就会很自然地记起那天是他的生日。

争向床头告老夫，耳长头阔好肌肤。

怪伊大母前宵梦，莫是高僧转世无。

这诗形容我外公出生时大家到俞樾床前奔走相告的情景，

说那婴儿耳朵长，额头大，皮肤也好。而后两句是说，在外公出生前，他的大母梦到一位僧人，所以俞樾自问，是不是高僧转世了，我外公的乳名"僧宝"即由此梦而来。

> 曾孙三抱皆娇女，今日桑弧真在门。
> 自笑龙钟八旬叟，不能再抱是元孙。

俞樾近80岁得曾孙，的确可以说是喜出望外，因为在此前，他虽已有曾孙辈却是三个女孩，故有"曾孙三抱皆娇女"之句。外公的出生，使俞氏香火得传，俞樾的喜悦是当然。末句只感叹不能看到玄孙。无独有偶，到外公80岁的时候，也经历了俞氏家族香火能否延续的担忧。此是后话。

外公7岁那年，俞樾去世。享年86岁。

外公的父亲俞陛云

当提及俞氏家族时，人们往往只会提到俞樾、俞陛云和俞平伯，甚至有人以为俞樾是我外公的祖父，这是因为外公的祖父辈俞祖仁、俞绍莱一生事迹很少，故很少提及。

我的曾外祖父俞陛云（字阶青，号乐静，1868～1950），戊戌变法那年（1898）的"探花"，所以也就有了他是"最后的探花"之说。其功名虽已超过祖父俞樾，但他的成长却与俞樾有着

直接的关系。18 岁那年，俞
樾陪着他回家乡德清参加县
试，就中了第一名秀才，俞樾
写诗："童孙何敢儒风流，郡
试居然第一筹。牵牵老夫必
也喜，不辞两月共乘舟。"道
出了他的喜悦之情。

俞陛云

1902 年（光绪二十八年）
俞陛云被钦放四川副主考，《蜀
輶游记》记载的便是他赴四
川一路的见闻。这一路虽舟
车劳顿，却赏遍沿途名胜风光，不像现在飞机一飞，快是快了，
可啥也没看见。

1911 年，俞陛云出任
浙江省图书馆馆长，1914
年入北京清史馆编写清史，
此时我的外公正在北京读
书，俞陛云也借此回到北
京居住。俞陛云一生的著
作远没有俞樾那么多，著
有《诗境浅说》《唐五代两
宋词选释》《乐静词》《小

俞陛云夫人许之仙

俞陛云父子

竹里馆吟草》《梅花纪事百咏》等。

俞陛云是一位很有骨气、明大义的人。溥仪任"伪满洲国皇帝"的时候，曾请俞陛云去当官，被他毅然拒绝。1937年日本人占领北平，俞陛云坚持不与日本人合作，靠卖字画为生。我外公身上那种超凡脱俗的气质，不谄媚阿谀的性格，显然是受到了他父亲俞陛云的影响。

俞陛云娶许氏女之仙为妻，许之仙是我的外婆许宝驯的姑姑，她与外公的婚姻是中国典型的"姑表亲"，正应了那句"姑表亲，辈辈亲，打断了骨头连着筋"的老话。许之仙可以说是我外公的启蒙老师，小的时候，他父母觉得送私塾不如在家里受教育好，启蒙教育这事儿也就落在了她的身上。还记得我们小的时候，每逢暑假，就盼着在午睡后去她的房间吃着西瓜听讲"西游记"，她每次只讲一回，绘声绘色，听得我们上瘾。太外祖母该是我古典文学启蒙的第一位老师了。

在我的太外祖父俞陛云去世后，太外祖母一直与我的外公外婆生活在一起。至今还记得，我外公每天早晨要到老人家的房里去问安，有规有矩，哪儿像现在的孩子没大没小的。太外祖母信佛，早晚拜佛念经，定期吃素，每天晨起做一套八段锦操，生活十分规律。可惜，这样的生活被"文化大革命"彻底打乱，惊吓让她的身体每况愈下，1968年辞世。在外公去干校之前，我陪他到福田公墓，把她的骨灰埋葬在太外祖父墓穴的旁边。那可是偷偷摸摸去的，我外公还提心吊胆的，生怕被人看见，也就多亏那时墓地荒着没人管。

俞樾、俞陛云两代学者对外公的教育与影响成就了他的一生，成就了他蜚声中外的学术成就。据他自己回忆，7岁时读过的线装书，堆起来已经超过了他的身高。

成功，没有偶然。

三、我的外婆许宝驯

外婆许宝驯（1895~1982）是伴随外公走过一生的最亲密伴侣，也因此要浓墨重彩地讲述他俩的故事。

该用怎样的词句形容她？看照片可用"纤细婀娜"，是，直至晚年她仍是腰不弯背不驼，却不够；看面庞可用"清秀淑贤"，是，她那略带矜持的微笑永远挂在脸上，却不足。终于绞尽脑汁想到了"干净"！不不不，这"干净"可不是泛指，不是说衣装打扮，是说她的心灵清净如水，是说她内心深处一尘不染，是说她举止文雅朴实大方……对了，这就是我要说的"干净"。

许宝驯

外公与外婆是青梅竹马的表姐弟，相爱一生，她伴随外公经历无数坎坷，无怨无悔。这位出身名门的大家闺秀，得杭州山水之灵气，汲北国风土之精髓，也就在她娇小体弱外表的背后，多了一层刚毅不折的性格。关于她，很难讲出什么特别的故事，但一连串的往

20 世纪 50 年代，外公外婆在老君堂寓所

事，却能勾画出一位不寻常女性的轮廓。让我们一起去追溯那遥远的年代。

> 正月二十三日（1918 年 3 月 5 日）在天津，晨起七时余，乘早车入京。环立楼前送我，想车行既远，尚倚立栏杆也。不敢回眸，惟催车速走。过威廉路石桥，昨日倚栏同立之处。[1]

日记中提到的"环"，就是我的外婆，因是许家长女，号"长环"，后来外公为她改字"莹环"。因喜在家中种植花草，晚年又为她起别号"耐圃"。他对此有所解释：

1　俞平伯：《俞平伯全集》第十卷《别后日记》，花山文艺出版社，1997 年 11 月。

"圃"，古称从事园艺工作的人，她喜爱园艺，尽管后因年龄和生活环境所限，她并没有做什么，但她是热爱劳动的。仅讲"圃"字还不够，更重要的是"耐"，她身体不好，也没有什么能力，但她却有毅力，有韧性……[1]

外婆，祖籍杭州，是我外公的舅舅许引之的长女。许引之官任二品，曾任驻朝鲜仁川领事，也是实业家，家学渊源思想开放。他既是我外公的舅舅，也是岳父。外婆就生长在这样一个思想活跃、开明的家庭中。

那年许引之从仁川回家，刚进门就看见我外婆的脚被裹上了，大怒道："都什么年月了还裹脚！马上打开！打开！"所以外婆也就没有成为"小脚老太太"，只是脚略小一些，买鞋就有点儿难。

说到俞许两家，那可是三世姻亲，现在是不允许近亲婚姻了，但在当年并不受限制。近亲结合好危险啊！不科学不说，还会遗祸后代，这潜在的危险在俞氏家庭中就有体现，外公有一个姐姐便因疯病早逝。所幸我妈、二姨、舅舅都挺好。

1900年，为避八国联军之乱，年仅3岁的外婆随全家到苏州，外公就是在这一年出生。姑表姐弟相识，从此奠定了他俩相濡以沫的一生。从两小无猜到爱情的萌生，经历了怎样的故事，我们无法猜测，所幸可在1922年外公的作品《忆》中找到一些线索：

---

1 韦奈：《我的外公俞平伯》，团结出版社，2006年6月。

亮汪汪的两根灯草的油盏，

　　摊开一本《礼记》，

　　且当它山歌般的唱。

乍听间壁又是说又是笑的，

　　"她来了罢？"

《礼记》中尽是些她了。

"娘！我书已读熟了。"[1]

　　有一天黄昏时，

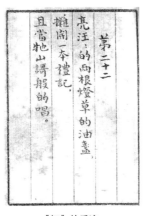

《忆》的手迹

1 俞平伯：《俞平伯全集》第一卷《忆》第二十二，花山文艺出版社，1997 年 11 月。

流苏帽的她来我家。

又有一天黄昏的时候，
她却带来新嫁娘的面纱来了。

是她吧？是的。——
只是我怎不相信呢？
红烛下靓妆的她明明和我傍着，
这更使我时时忆那带流苏帽儿的。
她亦该忆着吧，
或者妒而惆怅吧。
我总时时被驱迫着去追忆那带流苏帽儿的。[1]

《忆》流苏帽的她

---

1 俞平伯：《俞平伯全集》第一卷《忆》第十，花山文艺出版社，1997 年 11 月。

"她来了罢?《礼记》中尽是些她了。"哪儿还有心读书,也就大喊着:"娘,我书已读熟了。"这短短的文字是一份真情的流露,可想而知他是在怎样的热恋之中。

1917 年 10 月 31 日,农历丁巳年九月十六日,这对表姐弟在北京东城箭杆胡同寓所结婚,外公那年 18 岁,外婆长他 3 岁。他的老师黄侃,好友傅斯年、许德珩等都参加了他们的婚礼。"我总时时被驱迫着去追忆那带流苏帽儿的","带流苏帽儿的"她一定很美很美,那"追忆"也该是从没停止过,要不,怎么直到晚年还是那么亲密呢!

婚后,外婆久居北京。也适应了北京的生活,喜欢北京的小吃,甚至喜欢喝豆汁和炒麻豆腐。胡同里常有小贩推着个木桶吆喝着"豆汁——麻豆腐",外婆一定会买来吃,用羊油青豆把麻豆腐一炒,从厨房里立马儿窜出一阵酸酸的香。到后来,没了推木桶的了,也时不时让我们去隆福寺端上一碗豆汁,会说:"没以前浓啦,淡淡的。"有着挺深的北京情结。

她虽只读过几年私塾,但通晓诗词,谙熟《红楼梦》,喜爱昆曲,除演唱外,会填词谱曲。65 载与外公相依相伴,以她惊人的毅力和勇气,与他共同度过了无数艰难岁月,患难与共,不离不弃。

绝不当汉奸

> 十四日晨大雨。竟日阴。取得学校发还之飞机捐款。
> 下午方理谱，忽有日本兵三人款户，剥啄呼唤，其声甚急，
> 幸未破扉闯入，即电警察局联络室，允止之。晚闻沪有空
> 战，租界繁盛处被日机掷弹，死伤甚众。[1]

这段文字记载的是抗日战争期间北平沦陷的情景。那时外公遵"父母在不远游"的老理儿，没有随清华大学、北京大学等学校迁往昆明。而他又坚拒为日本人做事，日本人多次骚扰，"忽有日本兵三人款户"记述了当时紧张的情况。幸得他的老师周作人暗中周旋，免了牢狱之灾。那时家境十分清苦，外婆上要敬老，下要顾小，日子很不好过。正如她所说："那阵子可真难过，终日提心吊胆。"这段很少为人知晓的历史，是她在一次闲谈中向我提及的："你外公若肯给日本人做事，情况当然会好得多，但当汉奸则不可，你外公是对的。"她轻描淡写地说，我可是没轻描淡写地听，心说真是够悬的！又想，夫妻之间，有什么能比这种支持和理解更可贵呢！

1　俞平伯：《俞平伯全集》第十卷《秋荔亭日记三》，花山文艺出版社，1997年
11月。

1954年后《红楼梦》在我家几乎成为"禁区"

1954年这段历史，外公平日很少提及，在他的日记和信件中也很难找到只言片语。在我们家里有个不成文的规矩，如果不是他主动聊到《红楼梦》，我们都绝口不谈。就算他偶尔在家里说起《红楼梦》，外婆总会在一旁叨念："你少说两句吧。"明摆着，1954年，对《红楼梦研究》的批判以及后来"文化大革命"的冲击，在她的心里留下了抹不去的阴影。一次，我与她聊天，偶尔提到当年批判《红楼梦研究》的事儿，她说："那时我和你外公都很慌，也很紧张，不知发生了什么事，连往日的朋友都很少走动了。我很为他担心。但总算还好，过去了。"仿佛是受了外公的影响，她回忆那段往事，也只是一带而过，但始终心有余悸。所以，1986年外公赴香港讲学一事，若她仍在世，能否成行都成疑问。《红楼梦》在我家成为"禁区"，显然与外婆所受惊吓有关。

"应许他乡胜故乡"的干校生活

1969年11月5日上午发言，表示赴五七干校之决心。下午宣布全所移河南信阳罗山，办五七干校。学习班结束，下午回家。6日到所，帮助写书籍（带走的）目录，归家较晚，已近十时。以后放假，只于下午四时到所开会，听宣布启行诸事。十一日第一批人员先行。十五日十二时半偕妻离老君堂寓，到所集合乘大轿车同赴车站，韦奈送行。一时三十分车开，离京，二人均有卧铺。车误点。于十六日晨六时抵信阳，天尚未明，雨雪，到民主路 170 号信阳区第一招待所，房颇整洁，住楼下 75 号，环住楼下 57 号……[1]

就这样，外公外婆从此离开了居住几十年的老君堂七十九号，开始了他们有生以来最艰苦的干校生活。动身前我去帮助他们收拾行李，带什么不带什么成了大难题，问他们吧，他们哪儿懂干校是什么，哪儿知道那里有什么没什么，也就依着我安排。我说床总是要的，可那又是床架又是藤条编的床屉怎么带啊，就四处去转，居然有那种可以把铁腿折叠起来的双人床，忙买了，外婆连连说好。几天的时间，把要带走的压缩再压缩，少到不能再少。也就是图个他们路上方便些。果然，外婆回忆说："每到一处，我们所有的东西都要打开，但还没等住定又要收拾起来。你外公最不会干这些事。虽说有人帮忙，也只是搬一搬，打点收拾还是靠我自己。"

1969 年 11 月 27 日，他们到达河南罗山县丁洼，此后搬到包信集，最终在东岳集落户。那一带是黏土地，下起雨来就不得

1　俞平伯《俞平伯全集》第十卷《干校日记》，花山文艺出版社，1997 年 11 月。

了，泥泞湿滑，一脚踩下去就拔不出，刚拔出这只脚，那只脚一不小心"刺溜"就是一个跟斗，满身就全是泥水啦！赶上天儿晴了，那被踩出的脚印，碾轧过的车辙就变成了硬硬的坑洼，一寸平路都没有。就这随时下起来的雨，这破路，外公经常要花上5小时往返着从包信到东岳集去开会。70岁的人啦，有多难！

二十五日步往东岳听报告，九时行六时返。归途遇雨，幸有人招呼，狼狈仅达，已昏黑矣。

一九七〇年元月三日东岳开肃清5·16大会，薛作报告。晨六时三时刻行，九时五分到，时间恰好。后又有班会。十二时一时刻行，二时三十分抵寓，天阴寒未雨。二十八日小雨，路泞而滑，晚间赴读报会，连跌两次。上了大路稍好，遇李荒芜，知会停开，仍由李伴归。[1]

这种狼狈的情形在他的诗中也有记载：

六九年十二月二十五日自东岳冒雨步归包信纪事

寒夕易曛黑，灯青望眼赊。

泥途云半含，包信一何遐。

已湿棉裘重，还将雨伞遮。

---

1 俞平伯：《俞平伯全集》第十卷《干校日记》，花山文艺出版社，1997年11月。

风斜兼雨密，得伴始还家。

雨中行路

雨中行路一趔趄，昏暮思归昧所趋。
自是人情乡里好，殷勤护我到茅庐。

外婆在回忆那段生活时，经常提到他夜走雨路的往事。她说："走过东岳的泥路，方才知道什么是泥，黏得慢说拔不出脚，甚至连棍子都拔不出。他那件大棉袄被雨水浇透，冰凉潮湿不说，且十分沉重。真是苦了他。"

几经搬迁，他们最终在东岳集安顿下来，外公从开始要到菜园劳动，后来改为在家中"织麻"（搓麻绳），生活较初到河南时，相对平静了些，但生活条件，特别是居住环境仍是很差，也很艰苦。但这些对生性豁达的他来说都不在话下。

在东岳集，热情好客的房东对他们倍加照顾，农村的小集市不缺吃用，只是住的地方太差太差。那是一间黄泥巴搭的茅草房，长也就 2 米，宽不足 1.5 米，土墙四处露风，一个一尺见方的小窗还是后来房东看着屋里实在太黑给挖的，土房没门，柴火杆儿编的，支在那儿当样子当摆设。淮河两岸的冬天躺冷，加上潮湿，土墙都结冰了。"四日风雪甚寒，是晚室内温度 °F−28 度，盆水结冰。"[1] 不知道我外公为什么喜欢用华氏记温度，℉-28 是接近零摄氏度啦！

他们就是在这么一间根本不能说是房的"房"里烧水做饭，居家过日。房东家散养的猪和街上的孩子们随时可以破"门"而入，是家中的常客。卖鸡蛋、柴火的农民，根本就不敲"门"（也没门），进屋就磨着要他们买，不买就赖着不走。你来我往也就熟了，熟了就推说下次再买，卖主才不理这茬儿，放下就等着掏钱，挺有意思。

1970 年 11 月 26 日，外公写给舅舅俞润民的信中有以下的文字，并对他的居所用草图描述：

> 自九月廿四日以无麻停工，约有两个月未做，至廿二日下午忽又送了一些麻来，于是廿三日又继续工作。何以中隔多日，亦不知其故。有麻即做，无麻停工，亦只可如此。
>
> 廿三日微雪，仍冷。预报最低温度 2-4 度，北方最低温度于人的生活影响不大，如北京每零下十余度而室内仍可甚暖。这里却不然，室内四通外达，与室外相差无几。前在包信屋内的线粉结成冰块即是一例。大江南北均然，不独此间之"陋室"然也。我倒无所谓，你母却较怕冷。二十四节气，原按照中原、中州（古人谓之"中国"）定

1　俞平伯《俞平伯全集》第十卷《干校日记》，花山文艺出版社，1997 年 11 月。

的，因此很准。如廿三日交"小雪"节，果然有小雪了。

得汝四姨母书，说到正华去，并赞美肉松味佳。以嘱转告，如你们过京需住宿，你可住六舅父处，栋栋即住她寓。她尚问我们要什么东西。前书言要买固体酱油及黄油。此二物天津有否？如果没有，可托四姨在京购。来信告知此点，以便与四姨通信。其他我们不需要什么，已详前所开购物单上。因东西太多，你们亦不好带。

最近房东又在他们的东墙造一门，事实上我们就住在他们院内的尽西头。你们来时须扣房东之门而入。草图如下：

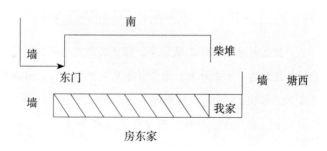

居住草图

就是这样的居住条件，在他的诗中是这样描写的：

《陋室二首》

炉灰飘坠又飘扬，清早黄昏要扫床。

猪矢气熏柴火味，者般陋室叫"延芳"。

螺蛳壳里且盘桓，墙罅西风透骨寒。

出水双鱼相照活，者般陋室叫"犹欢"。

《杂忆东岳集五言六首之二》

小灯易明灭，娇怯怕风侵。

欲破周遭暗，荧荧籍尔深。

窗小光难透，门低久立童。

高粱麻杆热，炉焰起熊熊。

　　这几首诗，把那间小得像螺蛳壳一样又破又旧的茅草房，描写得活灵活现。那又是猪矢，灰尘满屋，四壁透风的住所，在他的笔下被称为"延芳""犹欢"，一切艰难困苦都不在话下，没他过不去的坎儿，这得有多大的气魄多宽的胸怀啊，这得有怎样一种对待生活的乐观态度啊！

　　茅草房前，有一棵楝树，一个小水塘，因为食用水要靠房东帮忙从水井中提，所以平日里洗涮用水，外婆都要拿个盆，一步一趔趄地走下斜坡从水塘打来用。依我看，那水塘实在没风景可言，就算有几只鸭鹅漂在水上漫不经心地游，也是无聊。但在外公的笔下，居然也成了一景：

《楝花二首》

天气清和四月中，门前吹到楝花风。
南来初识亭亭树，淡紫英繁小叶浓。

此树婆娑近浅塘，花开花落似丁香。
绿荫庭院休回首，应许他乡胜故乡。

他定是想起了北京老君堂居寓所每逢春天那棵盛开的丁香，感慨却不伤感，"应许他乡胜故乡"！好个豁达乐观！

《无题》

茅檐极低小，一载住农家。
侧影西塘水，贪看日易斜。

《端午节二首》

晨兴才启户，艾叶拂人头。
知是天中近，居停为我留。

清润端阳节，茅檐插艾新。
分尝初刈麦，惭荷对农民。

《嬉水》

樱子黄先赤，红桃间绿桃。

塘春嬉扁嘴，延颈白鹅高。

写东岳集隔日便有集市的一首，活泼快乐：

《集市》

明日当逢集，回塘撒网赊。

北头供蔬菜，南首卖鱼虾。

外公外婆逢集必去转转，活鱼活虾瓜果蔬菜说不上琳琅满目，倒也水灵新鲜。那儿的人都认识这位"毛主席给他写过信"的老人（他们才搞不明白那是封什么样的信呢），亲切地叫他们爷爷、奶奶，抢着帮他们把买来的东西送回家。这集市带给外公外婆生活上的方便不说，更是他们快乐的消遣。

1970 年，我自北京往河南探望外公外婆，祖孙异地重逢，使老人格外兴奋，他说要把他们平日生活的每一个细节表演给我看，以便我对他们的生活有更多了解。于是，我就看着他们怎么点燃柴火用一个薄铁皮的炉子烧开水，弄得满屋子都是烟，呛得鼻涕眼泪往下流。看外婆怎么端着个脸盆到水塘打水。带我去看那口水井，比划着让我把水打上来……我也就趁机把他们的被褥都拆了洗，把屋子从头到尾擦一遍，外婆就说甭擦了，擦也是白搭，赶明儿个又是一层灰。到晚上，祖孙三人拿个小板凳往水塘边一坐，海阔天空闲聊，听他们讲往事，讲干校生活，听外公吟诵在乡间写的新作。流放地变成了他们的世外桃源。这在他写给我的诗中有所描述：

七绝二首

《东岳集偕奈小坐玩月》

落日红霞映水村，西塘小坐似公园。

晚凉更对柴门月，一岁情踪共讲论。

《外孙韦奈来访》

祖孙两地学农田，北国中州路几千。

知汝远来应有意，欲陈英力起衰年。

知我者外公也！"陈英力起衰年"当然是我的愿望，但他哪里知道，他给我的启示远远超过我能给他们的！他哪里知道，我从他身上学到了远在学问之外的精神！他哪里知道，从此我对待生活不敢有一丝怠慢，一丝懒惰！外公啊！所以我对您有着如此这般的深情，这深情就让它留在我的文字里，留在永久的记忆中吧！

在乡间，在泥泞的小路上，在池塘、集市，在这个远离京都的穷乡僻壤，他享受着久违的自然，享受着纯朴、宽容、安静，这位大文豪宽阔的胸襟，在此时此刻尽情地抒发着。一年后在他即将离开东岳集返回北京的前夕，他依依不舍地写下了以下的诗句：

《邻娃问字》

当年漫说屠龙技，讹谬传流逝水同。

惭愧邻娃来问字，可留些字益贫农。

《将发东岳集与农民话别》

落户安家事可怀，自憎暮景况非材。

农人送我殷勤甚，惜我他年不管来。

（注：不管来，豫东方言，此处作"不会再来"解）

他的多情、深情写在诗中，他的眷恋留在乡间，留在这片纯朴的土地上，化成永久的"忆"……

1971年1月，外公外婆与何其芳等11位知名学者，返回北京：

十一日上午十时乘吉普车到中心点开座谈会，由黄同志、王平凡主持宣布回京十一人。我所四人（何其芳、吴世昌、孙楷第、俞平伯）。其它历史、民族、哲学、语言所。一时归，发津电。十六日八时半乘有篷之卡车行过息县逾淮河到罗山，停甚久。下午一时三刻到信阳第三招待所。十七日阴雨，夜十时许步行至车站，以误点待车甚久，至十二时始进站，又待良久车来，开车已晨一时矣。我宿中铺，环宿下铺。

至此，干校生活结束。自 1969 年 11 月 15 日始，至 1971 年 1 月 18 日止，历时一年两个月零四天。

新岁新居永安里

能回到北京，两位老人格外兴奋，尽管当时安排他们居住的永安南里中国社会科学院宿舍，仅是两室的小单元，但一切都让他们感到那么满足快乐。

十八日下午四时半到北京（误点两小时），有六弟、韦奈、谢象春携女建青来接。晤学部宣传队解放军王同志。乘小车到建外永安南里招待所，住十号楼 504 室。六弟、韦奈同车来。命奈至新侨购烤鱼、猪排、蛋糕等食之。居然平安返京矣！二十二日往学部留守

干校归来在永安南里院内留影

处报到，行李已运到。傍晚定居永安南里十号楼 303 号，在三层楼，颇佳！

日记所说"居然平安返京矣！"实是有感而发。他曾对我说："我们离开北京，就没作再回来的打算，有老死他乡的准备。"显然，能够平安返京，对他们来讲实属意外，也的确是个奇迹。更有趣的是刚进家门就让我去新侨餐厅买烤鱼、猪排，爱吃的他走到哪儿都爱吃，当然他也很会吃，就有这么一句话告诉我说："韦奈，吃饭馆等菜不能急，好吃的一定是费工夫做的。"行，外公我记住了，从此等上菜不急，逢人便告诉他们这是我外公说的。

《庚戌十二月移居永安南里》

"五七"光辉指示看，中州干校一年还。

茅檐土壁青灯忆，新岁新居住永安。

《得旧居停女顾兰芳书》

连日风寒已是春，农娃书信慰离人。

却言昨梦还相见，回首天涯感比邻。

回到北京，最让两位老人开心的事莫过于见到曾孙第四代人。那年我的儿子韦宁刚满两岁，与他们同住。孩子咿呀学语，天真活泼，给家中增添了生气。

《辛亥集诗之七》

京邑重来百感新，孩孩嬉语室生春。
颇为迟暮增颜色，见到曾孙一辈人。

看看这张照片，席地而坐，他笑得多么开心。

在永安南里寓所，两位老人住在向阳的一间，平时我们很少打扰，唯宁宁可以破例。他可以径直跑到太外公的床边问："太公，你在唱什么歌？"老人便笑答："我不是唱歌，是吟诗。""什么叫吟诗？""长大你就懂了。"不久，宁宁就开始学背唐诗，每学会一首，就跑去背给太外公听。这对老人来说，实是乐事。宁宁可以在他们的房间里"造反"，把所有的椅子摆成长龙，学着开汽车的样子，要太外公当乘客，一会儿要买票，一会儿要下车，太外公并不嫌烦，总是依孩子的话去做。比较辛苦的要算是和孩子玩捉迷藏了，或躲在门后，或跑到另一间房里。这游戏只能玩一会儿，但孩子很满足。

1971年，外公与外曾孙韦宁在永安南里寓所院内

到宁宁开始识字的时候，老人便在剪得方正的纸片上，一笔一画地写上"人""天""大"等字，并常要"考试"。后来他回忆起这段生活时说："我是很少和孩子玩耍的，惟小宁宁是个例外，当年我们较为闲散，也还有精力，那是很难得的几年。"宁宁成了太外公的宠儿，老人经常会踱到楼下不远的小饭馆吃便饭，要上个"溜肉片""木樨肉"这类家常菜，一杯啤酒，每次都会带着韦宁，说他是小拐棍儿。

《正月初九夕春》

交春时遇戊，窗外尚风寒。

鱼菽曾孙共，苍颜借酒红。

一年多的农村生活，很使他们留恋。回北京后的第一个春天，我妈妈问他想去哪里春游，再也没想到，他竟然说去我插队的通县农村看看，只可惜那天偏巧修什么破路，长途车不通，那年月又没手机，害得我在长途车站着急死等不说，他们也只好扫兴从县城掉头回去游动物园。这事儿至今仍觉遗憾。

在很长一段时间里，对乡村生活的回忆，成了他们日常生活中的热门话题。1971年2月8日，他在给我舅舅俞润民的信中写了很多：

润民览：五日发信，即得你三日来书。知赴工地。寄去各诗中，有一末句改为："馌耕南亩又春深"，这样比较好。《诗经》有"馌彼南亩"。田间送饭谓之："馌"。在东岳时，看老乡们都不在家里吃饭，或带到塘边空地蹲坐而食之，或带了饭碗往别人家去吃并聊天。房东之女即常常带饭到我们小屋来吃的。这个风气沿袭甚久，即从古代馌饷而来。我在农村一年，所得非浅，不仅了知中国最基本的情况，并知古今之异也。你们到东岳一趟，确是很值得走的。否则我们在彼真实情况，虽书中万语千言，终归是不能明白的。

……是日晚得东岳房东之女顾兰芳书，情词恳切，读之颇多感慨。农民很淳朴。回想这一年生活非常有意思，这亦是一点。我在农村时，或行路不便，或走错路，或将摔跌，或已摔跌，都有人来搀扶照顾，或送我到目的地，绝无例外。这不知是古道还是新风，总之是非常难得的。

永安南里的日子闲适安静，从乡间带回来的新鲜空气把这小小的单元填得满满当当，那时外公外婆的身体又很好，无论做什么，兴致都很高，加上见到曾孙第四代人，他们的生活中更是充满了好多好多久违的乐趣。现在回想起来，永安南里可说是他晚年生活最无忧快乐的一段美好时光。

也就是在这里，他们度过了颇让人惊心动魄的1976年唐山大地震。那年我还在乡下，感觉震了，蹿起来踹开门就往院儿里跑，到天亮一看，村里土房土墙塌了不少。这一震，队上也就放了我们的假，匆忙赶回北京。进门见到外公，他不说自己，忙问我乡间房屋是否倒塌，是否安全。那时，他最惦记的自然是住在天津的我舅舅一家。地震惊魂，人人自危，天安门广场居然也搭满了五彩多款的"地震棚"，各家各户在那里是各显神通，搭得密不透风

俞平伯与外曾孙韦宁（后）、罗思惠合影

雨的有，草草了事的也有，到晚上那个热闹别提。估计这事儿也就 1976 年那一回，真没准儿就前无古人后无来者了。

在永安南里住的是三楼，楼体结实，并未受到地震的破坏，亲友们的楼房也都结实得很，但大家还是纷纷"外逃"，最有意思的是甭管"逃"到哪儿，来信都说那边也闹地震，也住地震棚，这不是白折腾嘛！外公单位的领导，自然会考虑到二老的安全，提出多个"外出避震方案"，也包括让他们搬到楼下社会科学院专为老人搭的"地震棚"里。方案不少，却都被我外公给否了。他说："我们年纪大了，一动不如一静，动，生了病，反而麻烦。且我根本不相信还会有大震！"又对我们说："晚上你们

可自行安排，不必与我们'死守'"。冷静如此，如此冷静，真是够神的。那时大家都不用上班，我的朋友们便每天跑来与他们相伴，那段时间只要人手够，就一定会有牌局。我的朋友们也多是在这时学会了打桥牌。外公的"地震日记"总共写了24天，记录了每天的各种活动，打"桥"显然是最频繁的。查阅他的"bridge 账"（桥账），1976 年 7 月 1 日至 8 月 1 日，竟打了806个 robber（局），在他们几十年的桥牌史上，达到了顶峰。二老多数时间为 partner（搭档）参战，有时也坐在年轻人身边为他们指导、顾问。场面和谐，其乐无穷。

我们谁也没有想到，外公写下了地震日记，直到风平浪静，他才拿出来给我们看。这24天的日记，极为珍贵，珍贵之处在于它不是一本流水账，而是详细地记述了非常时期的非常事件以及他的想法做法，字里行间流露着对外婆的款款深情。

来读读他的地震日记吧。

丙辰京师地震日记

一九七六年

七月二十八日（旧历七月初二）阴雨

晨四时梦醒觉地震。楼房摇晃，且作响声二三分钟止。旋有比邻文学所李凤林、陆永品来，敦促出楼暂避，不得已诺之。陆扶我下，时陈颖在寓住，伴耐圖行。在九、十两楼空地从待。天渐明，阴凉，至五时三刻登楼。妻稍患头痛。余凭栏看雨，得句云：

> 楼前夏绿雨霏微，天上如斯好景稀。
> 自是苍苍非正色，火星天似醉杨妃。

诸行星非寒，即酷热，荒凉寂寞，信人间胜于天上也。大女成挈宁宁来。闻四条之屋，墙有坍塌者。停电。

下午赵广生来。吕叔湘来谈，闻北海白塔之尖震坏。齐嘉正、易幼蔷、周裕德来。六时四十五分又地震，楼房摇晃轻微，时亦短（后闻润民其时正在杨村火车上，震动不小，见鸡犬乱跑）。点洋蜡吃黄瓜蒸饺。至八时半电灯复明，即睡，睡尚好。竟日雨。发圣陶、津润儿书。

二十九日（初三）晴

晨四时醒，忽见灯明，人立床前，润民也，为之愕然。他本说昨日来京为其母补祝生日（旧历六月二十七日），值地震想必改期，不意于深夜到家。问：是晚车来？回：非也。乘下午慢车，每站耽搁，深夜始抵京永定门站。又待公共汽车甚久，到新车站，步行而归。润在天津，寓哈尔滨道，木架老屋三层楼，已住二十余年。昨晨之震只墙裂缝，未生危险，诚为万幸。震源报载在唐山、丰南，为七点五级。人言不止此。或七点八级。其地距津颇近，故甚念之。其来也至巧。

与润民谈后又小眠，八时半起。天气转晴热。胡祖期来。下午文学所朱寨、张宝坤、董易、毛星来致慰问。润往购车票，知车路仍通。街市皆搭窝棚，余不出未见。学部在附近空地，亦用大型塑料布盖一棚。闻唐山地陷，云系历年挖煤所致。又云震源移动，尚有续震。

三十日（初四）阴转晴

晨三时楼下呼召出外避震，未闻。五时余，唤润起，并嘱咐小心，楼房损坏不可住。六时润赴津，陈颖送至车站。润民此来得知津地平安为慰。亦不虚也。

七时女欣来。始得润民二十八日晨书，已隔三日。得徐家振书，言武汉 39 度，室内 37 度。寓中今日 30 度，比武昌好些。商店多不开门，食物供应缺。午广生来。下午锡衡妹偕刘哲之来。周裕德来打"桥"牌三盘，有欣女、陈颖。晚移另室，我未参加。

三十一日（初五）晴

晨三时又有人呼召，未应。枕上忽想起前数年有梦中所得《浣溪沙》半首，其末句云"京东二百里徐赊"，当时不知所谓，亦从未去过此地。及今思之，二百里"徐"而又"赊",岂非三百里。京东三百里,即丰南、唐山一带也,惊愕久之。续成下半首。六时余起书之。

查原稿题曰:《癸丑仲秋二十六日枕上忆梦中〈浣溪沙〉半阙》,不能续也:

雨里宵灯晕彩霞,当时一去又天涯,京东二百里徐赊。

今续云:

拾得未明何所谓,寻来如梦成非差。算增算减总由他。

上午陈次园来。商店不开,较昨尤多。得天津儿媳陈煦二十九日晨给润民书,云二十八日下午六时左右,避在无轨车场,看见对面自己住的楼房大动,真可怕,居然没有倒。可谓生动,故转录之。

得叶圣陶三十日晨书,云伊处略有墙倒,余无恙。李凤林来说,在附近学部大帐篷为我设一行军床,美意也。下午写数诗,呈圣陶。食物缺,代以罐头,如梅菜烧肉、虎皮鸡蛋、清汤小丸子(自家索粉),亦已甚优。据地震局说,今明二日有强烈地震,而待之殊无影响。下午与嘉正、广生、裕德打"桥"。

八月一日(七月初六)微阴

上午得韦奈永乐店渠头书、韦梅山西忻县书,均上月二十九日。梅言闻山西亦有地震。奈言永乐店是三个受灾公社之一。死十八人,伤百余人,土房倒塌40%以上。

二十八晨，他在渠头家中，闻警外出无恙。房墙有裂纹，其地距震中心二百四十里（北京当为三百余里），约在六级以上。城郊咫尺，五天始有消息，信甚慢。此次变起仓卒，绝无预报，人均在睡梦中，而各处均平安，大幸也。

下午一时韦奈来，说其家之猫于震前怪叫连天逃避无踪，三十日回来仍卧原处。人固灵于物，物亦有灵于人者。与裕德打"桥"。傍晚，文学所朱寨、董易、张白山来，劝我们出外住宿，以我二人均病实不能出处，坚却之。是夕，人均外宿，只我与耐圃在家，又仿佛东岳居茅舍时也。

二日（七夕）阴雨风

晨，成女、陈颖来，闻昨夕住房朝阳门内帐篷中。将前录《浣溪沙》写一短篇，作为纪念（按：其后于1980收入《古槐书屋词》卷二）。与宁宁玩纸牌。下午许宝骙弟来，刘曼丽来。决定在寓坚守。由陈颖伴送宁宁到山西忻县其姑韦梅处。八时送行，与小孩握手。

三日（初八）阴雨

晨，成、奈归自新站，云他们已行，车上不拥挤。八时，奈陪我们同到楼西空地观所搭帐篷，遇张书明、王平凡、范宁。奈回工地。得一日上海郑逸梅来书慰问，即复之。下午骙弟来，言明晨挈眷（三妹带小孩）到沪转甬，避震。嘉正、幼蔷、裕德来打"桥"。傍晚传警报解除消息。晚饭后人皆去，成到十一时归，云有雨。

四日（初九）阴雨转晴

晨四时许，又有传闻，恢复警报，因此起身较早，与耐圃及大女谈。罗晓燕来。得润民三十一日津书（亦甚慢），海筹弟、蒋廷猷、郭久祺侍其母去沪。下午吕叔湘处转来圣陶家电话，问我处安好。嘉正来。复海弟、润民书。

有人来查屋，二层三层间，楼级离开一狭缝，亦地震之微损。闻唐山运来之虎在园乱动，致群虎皆惊。

五日（初十）晴

晨，二女来，其家本拟去山西，未果行。续昨写旧作七夕诗毕。得润二日津书。又郭学群甥沪书，徐家振甥武昌书，即复之。久祺来，以警报暂除故不行，赠送我饼干。与王刚、周裕德、成女打"桥"。晚，楼前群众集会斗流氓，人甚多，电灯光亮，远而视之。成之东四四条住房，墙亦有损坏。

六日（十一）晴风

上午蒋雪瑛挈其小孙女关悦来，以其楼居高，住棚内。下午朱复来，知张允和等已去沪苏。写前录词给润民。地震仍有传闻，姑听之。

七日（十二）阴雨

得圣陶五日下午书，言曾移宿庭院廊下，四日复常。又湖州在山书，云江南热至华氏九十五六度。午，韦奈自通州来。下午赵广生来，昨自天津访润民，云在哈尔滨道旧居，晚卧底层楼道。屋子有裂纹，勉强可住。天津损失较重，秩序亦不如北京，闻有抢劫者。携来润民六日书，言栋栋受到表扬，昌实表现沉着，胆大心细，皆可喜。天津无电，公共车停。夜雨甚，与广生、嘉正打"桥"至八时半。

八日（十三）晴

晨写圣陶、润民复书。得谢锡恩书，他夫妇将去上海，住其弟处。得陈颖书，言到忻县即闹地震，亦奇。文学所张白山、贾经琪来，云北京市紧急通知，预报九、十日有地震，中心在宁河，动员我们今晚必须下棚，词甚确切，不得已允之。晚饭后由嘉正、王刚、裕德等相助，为支小床二张在附近所设之帐棚内（即前日参观者），成女往铺被褥。十时前偕往。棚小颇精，可容五榻。以塑料布为之，顶绿色，∧型，旁浅蓝色。惟颇矮，人须低头。与耐圃连床。同住者董易、蔡仪，皆熟人。卧见碧天，巧云来往，空气清新，只稍凉减寐耳。点蚊香，一夕恬然无扰。

九日（十四）晴

晨五时半相扶还寓，未有他人伴送，去年病后初次也。大女与王刚来。他们诸人昨夜露宿天安门广场，如是者极多。开始抄写《读庄》。得钟敬文、马士良、刘桐良书。刘以公共车拥挤，被肘伤胸胁。韦奈来，以传密云水库将分洪为虑，若然，则地将成泽国。晚九时仍偕住帐棚，比昨已加宽增高。夜眠尚安。

十日（中元）晴

五时三刻返寓。闻昨唐山又震（六级）。仙人球开花二朵。复友人书。胡祖期来。下午得润七日书，言我坚守二楼最为上策，尚未知我亦下棚也；又言天津房管站人将检查房屋。所内仍传震讯，有云今日十六时至明日十六时者，有云明晨三时者。以今日科学知识尚不能准确预报，而官方屡传，亦可异也。是夕未下棚，成仍宿广场。

十一日（十六）晴有云

七时起，天颇热。王湜华来。得润九日书、吴小如书。通电话至章元善家，知在寓未移动。大女购得油焖笋罐头。周裕德来。他昨赴津，访晤润民等，携来润书，即复。天津混乱紧张，不如北京市。和平区多损坏，润民住楼尚好。

顷见我们住房二间，顶上均有裂纹，前未及注意。复小如书。大女仍宿天安门。与环谈，我以为可预卜无事安居，环以此言为大胆。

十二日（十七）阴

午前又传震讯，云即在十二时与下午二时，却非官报，谣言可疑。摘抄《齐物论》。傍晚雪瑛携来上海黄定慧书，已十数年不通信。阅《地震问答》。与裕德谈。

十三日（十八）晴

闻防震有长期之说。得润民十一日书，以住棚影响身体为虑，其实我们只去了二晚耳。即复之，嘱以住楼已损，如再震动可发生危险，须注意。裕德昨谈，其寓左右楼房均已震坏，只98号孤立仅存，风雨危楼岂堪久栖，故书诚之。又闻唐山死者约五十万，天津亦三万人，洵巨劫，前词末句，措词过轻不相称，而文词有限亦难表达也。

欣女、胡祖期来，李凤林来谈。闻商店开门。仍保留帐篷，或要集中他处。云东城房屋损坏四万间，住户暂不易迁回，殆所谓长期也。

十四日（十九）晴转阴雷雨

起身较晚。得沪郭学群、韵眉书，武昌家震书，圣陶书附为荒芜、曹辛之写件。午，大女自崇文门买来烧鸭一，价六元四角，三人同饭。下午阵雨。复圣陶书，即寄。因雨，成不往天安门，十二时返寓。

十五日（二十）晴

复溧阳蒋廷猷书。是日来客颇多，有谢兴尧、吴小如、徐北汀、陈次园。留小如午饭。得润民昨日书，邮递恢复正常。嘉正、王刚、裕德来打"桥"。

十六日（二十一日）阴

晨，成归云，长安街已拆棚。赵广生来言，工厂五时得通知，京师近期无大震，并已拆棚。发润民书，上海谢、周书。得刘桐良书、宁宁三日安抵忻县电，已隔十余日矣。胡祖期来，闻成都地震，云无伤亡。四川传地震在唐山之前，许谦儒因之避地来京。耐圃为我理发。余不出外理发，殆二三十年矣。寄上海郭甥书。成夜访章元善家二老。

十七日（二十二日）阴 夜雨

各处拆棚，而学部范围不拆，使人看守之，亦不解何故。阅《地震问答》。复刘书。文学所转来沪张香还书并附一扇面，因病不能书，却之。下午，成得山西电报云："十八日到，乐山同接。"初不明其意，后知乐山为姓名，盖其妹在山西也。得荒芜书，有"传闻稳坐小室，从不下楼"，殆人言如此耳。以圣陶写件寄之，未复。与二女及裕德打"桥"。夜眠不佳。大雨。

十八日（二十三）阴

十时方起。得家振书，润民书，言津地偶或小震，当可渐平。陈颖书述忻县紧张恐惶情形，但迄未震。午，成女到新侨，买归猪排、牛肉。广生买来一鳖，价一元余。他昨曾到玉田县，京东一带未解严。报载四川北部松潘、干武，八月十六日二十二时地震（七点二级），影响及成都、甘肃武都。二十天内，国中大地震二次，亦罕见也。此间虽解严，殆非全无震讯，只不向外传耳。因待宁宁，夜眠极迟。

十九日（二十四）

夜午十分，陈颖挈宁宁自山西归。其地平安，只是闹震。八时起。陈言梅梅防震紧张，每日必将日用品瓶瓶罐罐搬到窝棚，是否将震则不可知。欣来云昨夕丰台大雨。寄润书。得圣陶昨书，知叔湘南游。韦奈自通州归，彼亦拆棚。午，举家食鳖。

《参考消息》载专家里克特言：大地震前每无预兆，其先小震或有预兆是例外情形。唐山巨震猝发自不足异。正确之预报尚待他年。

得上海谢、周十五日书，云大热，35度。（此间27度，相差颇多）。邀我们南去，未能从也。闻本市将以汽笛一长声，一短声以报地震，略如空袭警报，向机关传达，未普及街道。

晚打"桥"，环亦打一盘。文学所范之麟来访，谈为宋人蒋捷词作注问题。

二十日（二十五）阴雨

八时起，天容阴晦。重阅小说《In the Fog》颇诙诡。耐复铨庵，我复圣陶书。嘉正、裕德来，韦奈归。打"桥"。

十一日与妻谈，至二十日可保平安，乃臆测耳，幸而言中，遂止于此。来日悠悠，未知何若。传今明春尚有地震云。

检去年日记：一九七五年二月四日，海城营口地震，七点五级波及京津。我们于二月六日偕同往天津儿处，距震后只二日，而群情无忧与今日异。盖地震幅度之殊，当局之措施，亦或有差异耳。

平伯记于北京建国门外永安南里十楼，时年七十有八。

附记

一九八二年七月五日周裕德君携来当年八月二十八日在东城寓中小叙，耐圃赠同人句云：

震地惊人心，青年慰护殷。

前途成远志，祝酒且盈尊。

其事不见日记，记文迄于一星期也。诗虽俚浅而当时大难初平，兴会颇佳。承裕德不弃，藏之七载，将付装池，余为另写一纸置诸帧首，俗云"书堂"者也。其辞曰：

"一九八二年八月二十八日，裕德挈尊小斋欢饮，为六年前丙辰京师地震平安纪念，并出耐圃当年此日赠诗。旧游宛在，其人已逝，片褚飘零，重劳珍惜，书以志没存之感云。"

（录文比写本稍多）

一九八二年七月十九日抄后记

跋语

虽记了近一个月，事实上只震了一天，而社会扰攘，群情惶骇，以今思之似不可解。若当时不记，现在回想，恐怕连一个字都没有了。故虽见闻狭小，文字浅陋，非无暂存之价值。

首先当说避震是有些道理的。问题在于怎样避法，避到哪里。这确是个难题，就有不同的看法。避有远近之别，最近的即在家中，如叶圣陶于庭中廊下一宿是。远则天涯矣，我们亦二宿附近帐篷，却以不避名。如"传闻稳坐小室，从不下楼"是也。这虽然不尽符事实，而我心里的确是不大想搬的，在日记中随处可见。

记了将近一个月以后，有身上一松之感。其实闲居无赖，却有一种恐慌的空气紧紧地包围着我们，要时时和它奋斗，不知来从何处，总是从各方面汇合来的罢。常说，身劳心逸。而今恰恰相反。我于七五年（1975）患风疾，耐于七六年（1976）春进医院病未愈，原是不大能活动的，而那时社会上的情形却有不动不行之势，分三项说明之。

（一）警报频传——自日记开始早晚地震外，迄于记末迄未再震——以后亦然。而警报传之不已。有半夜，有凌晨，有中午；有确言何日何时，震源何在。言之凿凿，云出官方。及今追思可付之一笑，却是"事后说签"。若当日固十分为难，听它有似盲从。不听未免冒险。天心叵测，人意难定也。

（二）殷勤劝告——来客谈话内容，记中未载。若亲友来书或邀往武汉或邀往上海，皆盛情也。文学研究所同人来访三次，屡劝出避，惜未能从；及第四次勉徇其意，始外宿二夕。棚小而精，相距甚近，盖特设以待老人，意甚可感。其后震讯和缓，遂未再去。

（三）纷纷迁避——远者谓之迁，近者谓之避，迁亦避也。我足不出户，坐井观天，局于见闻。以家中言，如宁宁随陈颖赴山西忻县，戚友中如许氏之赴沪甬，张周之赴苏沪，皆远游也。近则无人不避。棚宿以外，天时方热，更有露宿天安门者，如大女等。据伊云非常热闹，闹中取乐，裕德亦言"地震乐"，惜我未能见。余一九一五年来京，于今六十载，却不知天安门前可住，市当局不禁，亦创闻也。

如上简述，丙辰京师地震实况，一滴水可知大海矣。北京的避震，可谓万众一心，我们虽有住棚二夜之记录，还应当算是不避派，有悄然孑立之感。白天青年人来来往往，还打"桥"牌。大抵皆成、奈的朋友，至夕各散，顿觉岑寂。韦奈等在通县农场。大女常往天安门，有时因雨回家。其四条赁寓以墙裂不能再住。有时只剩我们二人在家，小楼灯影胜似村居，若我诗所谓"者般陋室叫延芳"，亦今昔差同耳。见八月一日记。

还当提到天津。这是我家避震的重点。在齐内老君堂时，我家即分居两地。润民毕业结婚后，即住天津为日已久。唐山大地震影响京津，而津尤剧。我们自十分挂念，不期润民即于当天半夜里抵家，途中遇震亦属冒险。我一觉睡醒，忽见他立在床前，非常诧异。归津后一月未来，音信常通。他住在津市中心哈尔滨道木架老屋三层楼，左右楼房均被震坏，惟此岿然独存。地震那天下午儿媳避在对面，亲见自己住房摇摆。她说"真可怕"。

我不搬动或未惬与情，而润民却说"坚守二楼最为上策"。更有可笑的，我偏偏不赞成他的坚守，以屋旧楼高，虞其再震不支也。京津情况固不尽同。依日记所载，一月内京中迄未再震（感觉到的轻震在外），而天津尚有小震。他们据守并非妙法，无处可搬亦是事实。闻曾借住临时建筑，不知其详。两地平安总可喜也。

跋此日记是事后的话，当时并不知道。避与不避，得失谁言。仓皇奔走，有似莺燕纷飞，悲守穷庐，又如驼鸟一头扎在沙里也。天津楼房损坏后经过修理。永安南里之屋较彼为优，我们所恃以无恐者，然亦有裂纹二处（见记中），我们于次年即移居，遂置之不问。顷闻孙女华栋言，学部宿舍各楼均加以钢箍，则北京永安南里与天津哈尔滨道，亦五十步与百步之间耳，岂可深恃哉。

还有耐圃。她同我一样主张坚守，不成问题。但群情惶惑之际，心情或有不安，亲友纷纷南去，自更不免动摇。就记文看，也有两点可以猜测的。如八月十一日记中说我预计到二十日可无事，环以此为大胆，可见她还是不大放心的。又附记中，周裕德君所藏她的赠诗，有"震地惊人心，青年慰护殷"句，虽属通常语，而年轻朋友在敝寓时常来往，她是很欣慰的。她的心情我很了解，词虽浅率而意甚真。地震固属危险，亦半是起哄，那时空气非常火炽，与"文化革命"期间，欢愁迥别。那时多少艰难，视此何止倍蓰，她总出以镇定，盖亦勉强为之，以慰我心。言念及此，知吾之愧负多矣。

自今岁元宵伤逝以后，遇有可喜之事物，每惜君之不及见；反之，又幸君之不见也。若斯日记零乱琐碎，抄写达数千言，未卜伊行之乐见否耶？古诗云："改成人寂寂，寄与路绵绵"，只言远道耳。如今，寄往哪里呢？

一九八二年七月二十二日

中风改变了他的生活

1975 年 9 月 30 日，外公出席当晚在人民大会堂举行的国庆招待会。对贬入"冷宫"多年的他来说，能获邀请，实属意外。人民大会堂对他并不陌生，作为第一、二、三届全国人民代表、政协委员，他多次出席在那里的活动。"文化大革命"开始后，再无此"殊荣"。然而，他也不太在乎，因为他一向看淡仕途名利，更不善官场应酬。他对事物的态度，完全取决于内心的爱憎，很少理会客观情况。在很多人纷纷给"四人帮"写效忠信的时候，他也曾受到暗示，却并不买账，且有"生花南董笔，愧杀北门公"的诗句，讥讽那些卖身投靠的人。为此，他吃尽苦头，却不后悔。

尽管如此，能够参加国庆招待会，在他的晚年生活中仍是一件大事。对他来说，重要的并不是政治待遇的恢复，而是他的人格重新受到尊重。不料，那种与乡村生活成强烈反差的场面和热烈气氛，使他那颗被压抑了多年的心难以承受。招待会后不久，因脑血栓中风，导致右侧偏瘫，根本改变了他75岁以后的生活。

发病的前一天晚上，我无意中发现他在点烟时，几次都没能把划着的火柴对准香烟，但并没有引起我的警觉。在我们的记忆中，他很少生病，所以根本没有把"病"和"他"联系起来的概念。哪知第二天便不能起床。忙叫车把他抬下楼，送到协和医院。为确保有效治疗，主治医师要他住院，却遭回绝，双方僵持不下，终以"若要我住院，我便绝食"的强硬态度获胜回家养病。他一生不爱看病吃药，这在亲友中是出了名的，慢说是晚辈，就是外婆也奈何他不得。平日偶患小病，便蒙头大睡，只吃粥和咸菜，暂不吸烟，一两日便凑效。偶尔吃药，也不听医生的，至少要打掉一半的折扣。所以他不肯住院，也在家人的意料之中。也许正是因为他长期不服药的缘故，一经用药，病情很快好转。这时他做的第一件事就是抓起笔练习写字。开始时写得歪歪斜斜，不成样子，但不久，笔在他的手下自如起来，只是再不能写那一手漂亮的小楷，从而形成了他晚期书法苍老遒劲的风格。手很快恢复了"健康"，可是他只顾手不顾脚，腿脚从此不利落，没有人陪伴搀扶，出不了家门。他不再去上班，也不能一个人出去吃饭，原本就很少的社交活动几乎完全终止，他开始了一种新的，却显得过于沉闷、平静的生活。

此前，为他的健康着想，亲友们劝他多到户外活动，少吃些高脂肪的食物。对这些善意的劝告，他一笑置之。如果用长寿之道来衡量他的生活，可说是没有一条是对的：吸烟，且量很大，几十年未曾中断；喜吃肉，不喜蔬菜水果，从不忌口；绝不运动锻炼；很少旅游；无论冬夏喝冰水，甚至大嚼冰块；少洗澡……但他依然跨入了长寿行列。用他自己的话说是："我想吃，就证明身体需要。"这种被他称之为"大水养鱼法"的生活方式，没有任何负担，把名利、生死置之脑后，这日子过得有多惬意！

第一次中风的危机虽然度过，但这为 1990 年他第二次中风，埋下了致命的伏笔。

自传体诗——《重圆花烛歌》

1977 年是外公外婆结婚 60 周年的大日子。结婚 60 年，依外国习俗称之为"钻石婚"，示婚姻坚实的程度与难得，中国则称这 60 载为"重圆花烛"，那天可是要红烛映屋，重入洞房，鸳梦重温呢。

我的外婆自 1917 年嫁给我的外公，无论风雨坎坷 60 载相依相守相伴始终，无怨无悔。外公的感激之情自不必细说。因此，他格外重视"重圆花烛"这大日子。然而他不动声色，没有举办任何铺张的仪式，更不惊动亲朋好友，却是潜心日久，酝酿并完成了倾尽他全部心血、全部爱的长歌《重圆花烛歌》。

在这首"歌"里，详述了他们60年中所经历的大事件，更用五分之一的篇幅记述了河南乡间的生活，在如诗如画的诗句中，他赞美淳朴的村间风气，对能与之"千里宵征""负载相依"的夫人，表达了感激之情。

这首长歌的完成，备受好友们的赞赏，叶圣陶亲笔书写全诗，新加坡周颖南先生精装成册散发给好友。成为一时佳话。我外婆的六弟许宝骙作《重圆花烛歌·跋》，逐句为"歌"做了诠释。

外公多次拒绝出版社要他写自传的要求，为什么？我知道，他实在是没把自己看得有多么高，实在是没把自己当回事儿。有等身的著作摆在那儿，写与不写自传真的是无所谓。但读《重圆花烛歌》实际上等于读了他的自传，他自己做的注脚，足够详细了。

重圆花烛歌

前丁巳秋，妻许来归，于时两家椿萱并茂，雁行齐整，余将弱岁，君亦韶年。阅识海桑，皆成皓首，光阴易过，甲子再臻，京国重来，倏已七载，勉同俚唱，因事寓情焉尔。

一九七七年十月二十八日丁巳岁九秋既望于北京三里河寓所

白首相看怜蓬鬓，邛岠相扶共衰病。

嬿婉同心六十年，重圆花烛新家乘。

苍狗白衣云影迁，悲欢离合幻尘缘。

寂寥情味堪娱老，几见当窗秋月明。

我生之初前庚子，君以娇雏随舅氏［余生于清光绪己亥腊月。次年，有庚子之变，君方六龄，随侍两亲，自京南下］。

锋刃丛中脱命来，柔荑掬饮黄泥水。

归来南国尚承平，吴苑莺花梦不惊。

泛宅乘车东海去，骇逢秦楚大交兵［日俄战争，汲候舅父方出任朝鲜仁川领事］。

还日儿童都长大，三年流水光阴快。

花好闲园［苏州府署园名］胜曲园，青梅竹马嬉游在。

弱棣萦心识面初［“未名之谣”旧句］，外家芝玉近庭除。

高丽匣子珊瑚色，小蜡溶成五彩珠［舶来小烛长约二寸，颜色鲜艳，滴泪成珠。贮匣为玩，事见昔年新诗集《忆》，插图惜未似，《遥夜归思引·叙》所云：“对华烛之溶凝空有儿嬉之想。”者是也］。

知音好在垂髫际，学抚弦徽从两姐［君十岁时，学琴于家大姐二姐］。

小院琴声佳客来，青荧照读灯花喜［事亦见《忆》。

其后《东岳集》诗云："少小挑芯读夜书，闻来外姐缀伊唔。"〕。

无何一去又天涯，北树南云望眼遮。

十载匆匆销帝制〔自丁未一别，历辛亥革命、袁氏僭号、张勋复辟诸事〕，者回迎到璧人车〔民国丁巳九月十六日，成礼于北京东华门箭杆胡同寓所〕。

新开鸳社辉红烛，撒帐交杯遵旧俗。

谁家冠服别心裁〔余戴红绒缨帽，插金花，衣彩绣袍，盖舅父氏意〕，师友观之皆眩目〔时方肄业于北京大学，黄季刚师及同学诸君来贺〕。

三朝厨下作羹汤，先例迢迢说李唐。

婉娈新人惟肃拜，红氍毹展见尊章。

好似金笼怜翡翠，其时海内兵戈屡。

巨星光芒亘西天，社会主义方崛起〔是年俄国十月革命〕。

羹沸蜩螗事几多，无愁沤鹭待如何。

蓬莱水浅麻姑笑，绝倒田间春梦婆。

执手分携南又北，两返重洋颜色恧〔音 nǜ〕。

赢得归来梦里游，湖烟湖水曾相识〔居杭州垣城头巷及俞楼数年〕。

清华水木辟尘嚣，讲舍云连多俊髦。

九转货郎谷音集〔谷音，昆曲社名〕，一天烽火卢沟桥。

奈何国家衰兴里，兀自关心全一己。

莱妇携承定省欢，朔风劲草良朋意 [先友朱自清自滇赠诗，有"亲志一身娱定省，引领朔风知劲草"等句]。

箕裘堂构尽虚传，旧业园林散夕烟。

记否笼城厮抱影，回廊篝火驻军年 [戊子年冬事]。

童心涉世焉知淑，何限风波经往复。

漫与彼相蓦危岑，误得尔翁怜比玉 [凤蒙安巢舅氏见知，庚戌后遂重缔丝梦，事见《燕知草》]。

丽谯门巷溯前朝，五十余年一梦遥 [齐化门，京语犹仍元都旧名，盖其故址也，家住老君堂，自己未迄己酉]。

此后甄尘不回首，一肩行李出燕郊。

燕郊南望楚申息 [申息，春秋时楚之北境，今信阳等地]，千里宵征欣比翼。

罗山苞信稍徘徊，一载勾留东岳集 [罗山在淮南，苞信今作包信，与东岳并属息县，在淮北]。

小住农家亦凤因，耕田凿井由先民。

何期葺芷缭蘅想，化作茅檐土壁真 [旧有室名，取义"楚辞"]。

村间风气多淳朴，旷野人稀行客独。

步寻来径客知家，冉冉西塘映萝屋。

兼忆居停小学时 [借住包信小学月余]，云移月影过寒枝。

荆扉半启遥遥见，见得青灯小坐姿。

负戴相依晨夕新，双鱼涸辙自温存。

烧柴汲水寻常中，都付秋窗共讨论。

君言老圃秋容瘦，我道金英宜耐久。

酒中一曲凤将雏，孙曾同庆嘉辰又。

晚节平安世运昌，重瞻天阙胜年芳。

即教退尽江郎笔，却扇曾窥月姐妆［李义山《代董秀才却扇》诗云："若道团圆似明月"，遂戏为此句］。

一九七八年五一劳动节于北京

下面的跋是外婆的六弟、我的六舅公写的，读过这个跋，外公外婆的一生也就都在里面了。

《重圆花烛歌》跋

许宝骙

表兄姐丈俞平伯与吾姐宝驯于公历 1917 年丁巳九月十六日结婚。越六十年，喜庆重圆花烛。平兄作长歌以纪其事，倩谢刚主国桢以小楷书之，其弟子周颖南兄为广征题咏，装成长卷，海外流传，永为词林佳话。1982 年 2 月吾姐以八七高龄安祥谢世。平兄依其长女及外孙以居，悲怀难遣，歌哭无端，渐觉步履维艰，差幸眠食尚可。今年己巳腊月，欣逢九秩正庆，颖南兄将前卷诗歌装册印行以当寿礼，来书属余撰文。余复检原作细读，追念往事，感怀万千，因按歌词就所忆所知拉杂写记，不足以云诠释，聊供平兄玩阅，并付甥辈存念云。

歌词曰："我生之初前庚子"，自记生于公元1900年1月8日清光绪已亥十二月初八日，俗称腊八。戚长辈中于此有一段轶话：谓兄之生也，先姑母梦有僧登门化缘，想是高僧转世，因起小名曰僧宝。兄十岁前，家人相戒不许携挈入寺庙，谓恐遭佛爷回收而去。

"泛宅乘车东海去，骇逢秦楚大交兵"两句，记光绪二十六年辛丑秋先君汲候公出任韩国仁州领事，长姐、大兄、二姐随母俱去。甲辰，日俄战争起，海战激烈，姐曾遥闻炮声，望见硝烟。一些历史事件，姐竟为见证人，事后谈来，绘影绘声，不无自豪之感。另句咏"高丽匣子珊瑚色，小蜡溶成五彩珠"等物，余则未曾见过。余家至今尚存有高丽磁器皿数事，亦隔代旧物也。

"知音好在垂髫际，学抚弦徽从两姐"句，记吾姐十岁时在苏州学琴于大表姐俞进，二表姐俞玫。余儿时即习闻吾姐弹琴声，至今犹似丁东在耳。其后姐渐有神经衰弱之象，时复失眠，父母怜惜之，遂令掇琴。

既说琴，遂连带而棋书画。姐亦善书。王啸缑二姑丈曾以旧拓王居士塔铭帖相赠为添妆礼物。姊日夕临摹之，得其圆润古茂之意。余曾为题此本，援翰苑书品崇尚欧底赵面之说，谓姊之书法则为砖底砖面，博得兄姊粲然一笑。

姊之学画，实始于婚后居杭州城头巷寓所时期。初学西法彩画，报名在上海美术专科学校函授班，按期寄来画稿，余犹忆其教授署名为王济远。后自习国画，善作工笔花卉，画仕女学费晓楼。山水画则仅一见耳。

姊独不能弈。中年以后学打"桥"牌，甚好之，至老不衰。以"桥"代棋，仍补足清闺四雅。姊逝后数年，余外甥及孙辈犹偶尔聚玩，平兄由此罢手矣。

"十载匆匆销帝制，者回迎到璧人车。新开鸳社辉红烛，撒帐交杯遵旧俗。谁家冠服别心裁，师友观之皆眩目。"此数句记其结婚嘉礼种种情景。余幼年时忆中还有些零星琐事，模糊散乱，未必尽信，姑拉杂写之，不知兄尚记得否。

兄结婚前两年曾随母来舅家小住，是为余识兄之始，其时兄与吾姊早已订婚（俗称"放定"），遂避而不相见。当时余家住天津河北三马路。同时寄居者尚有表兄王麟伯肇祥，族侄孙琴伯以栗，时大兄昂若宝驹同在。四人年相若，相处甚得，时相唱和。犹忆平兄答琴伯诗中有"豪气纵横挥笔陈，未遑答和益渐惶"之句。又，昂若大平兄一年与王氏表姊结婚时，平兄曾撰书喜联致贺，文曰："鹦鹉衔来红豆子，凤凰栖到碧梧枝"，文字并美。又余当时有折扇一柄，玳瑁骨甚精致，一面绘工笔石榴花，兄见之，即为着一衡字，则当时初未以字行也。举些数事，足见兄早即喜弄翰墨，初露才华，则其终以文学显名于世者，有由来矣。

平兄与吾姊于1917年丁巳九月十六日成婚于北京东华门箭杆胡同寓所。兄时年十八，姊年二十二，余方九岁。双亲由天津送亲至京，独挈余与俱。当时北京火车站犹有手推独轮小车为载运工具，余与姊分坐两边，如载物然，吱扭颠簸，推行出站。乘马车至临时寓所。行馆假俞氏大表姊郭家旧宅，在大取灯胡同，兄赠咏之，有"转角无多路，西头阿姊家"之句。嘉礼之日，兄着彩绣服，谓之蟒袍，戴红绒缨帽，大红绸带交叉胸背，插金花过顶。此为清代之大礼服，三鼎甲赐宴游街时即着此华衮。余父守旧，嘱平兄用之。新娘则凤冠霞帔，两两相称。亲迎时，鼓乐前导，双鹅红颈，鸣声咯咯，盖古所谓奠雁之意，礼至隆重。凡此情景，余犹依稀记得。前岁1987年，余特往此处访旧，门墙犹在，为多家聚居之杂院，破败非复旧观。余摄影留念，并以示平兄，兄即口占一绝曰："绮绣天街上，华筵喜席东，双鹅频酌尔（自注：谓奠雁），即在此门中。"七十年倏忽逝矣，"此门中"前尘似梦！兄抚摩此照，意似欣然，而感慨深沉，可想知矣。

平兄其时肄业于北京大学文科。嘉礼良辰，贺客中有教授黄侃、同学许楚生德珩、傅孟真先生斯年。当时余均不识，事后多年平兄闲谈中见告，楚生先生亦曾为余亲言之。

"执手分携南又北，两返重洋颜色恶。赢来归来梦里游，湖烟湖水曾相识。"此四句概括 1919 至 1924 年数年间之生活。兄第一次出洋是自费去英国留学。1920 年 1 月由上海乘船出发，与傅斯年同行，在船上结识钱乙藜先生昌照。其时吾姊方归宁在杭州家。不料四月初之一夕，兄忽欸门而入，匆匆远归，阖家为之惊喜。此情此景，余至今如在目前。其第二次出洋则系由浙江省教育厅以视学名义派往美国考察教育。时余之姑丈亦即兄之姨夫夏剑丞先生敬观任教育厅长，先君为言之，遂获此"美差"。当时大兄宝驹同在杭州第一师范任教，先君竟舍子而及婿，可见对平兄钟爱之深与期望之切。1922 年 7 月上旬，兄由杭州动身至上海乘轮船去美。11 月中旬回到杭州。视察报告在海外时已大致写就，带回不少有关资料，余曾见之。兄西装革履，持一硬木手杖，有翩翩洋少之仪表。又购带五小丛书多种，有"莎翁戏剧故事"及"福尔摩斯探案集"等，分赠余及七弟，皆大欢喜。

兄出国前夕，5 月 29 日农历五月初三，外甥俞润民出生于杭州城头巷三号寓所。是日艾束缘门，蒲剑在手，余兄弟与平兄在庭中闲嬉。闻产房中呱呱儿啼声，女医黄静如伯母出而道贺曰："姑爷喜得麟儿矣！"润民襁褓中有昵称曰"姑苏"，则出自其乳母口语之音讹。胖乳母绍兴人，

忘其姓，对乳儿备极疼爱，抚抱时每连连轻呼曰："个些肉
噢！"意谓"这点肉啊！"于是群呼为"个些"，平兄为
文时遂按音写作"姑苏"，实与苏州毫无关涉，今"姑苏"
六十七岁，抱孙矣，特书其事以告之。

兄自海外归来后，当然即回北京一行，旋又南返，沪
杭两地活动。居杭时，不时偕余家小姊妹兄弟徜徉街市，
遨游湖山。至二十四年春随舅家迁西泠桥畔之俞楼；同年
冬先君弃养，后相偕北归。此两年中，哀乐相寻，其事具
见吾兄所著《燕知草》，兹不赘。

"清华水木辟尘嚣，讲舍云连多俊髦。九转货郎谷音
集，一天烽火卢沟桥。奈何家国衰兴里，兀自关心全一己。
莱妇偕承定省欢，朔风劝草良朋意。"此八句概写兄姊伉
俪自 1930 至 1937 年在清华大学以及自 1937 至 1945 年在
北平沦陷期间两个阶段之生活，其间，前一段颇轻松快乐，
后一段则艰窘紧张。兹仅就余知而尚记得者拉杂书之。

清华园后部有水轩一座，俗称工字厅，颜曰"水木清
华"，颇有雅趣，足避尘嚣，故首句云，然而自系泛指。教
席中莫非一时俊彦，不胜列举，余所识者有陈寅恪、朱自
清、杨振声、叶公超诸先生。学生中有戏剧家万家宝、数
学家许宝騄及诗人孙毓棠，号称"清华三杰"。平兄高足中
则以吴组缃、华粹深两兄为尤者。兄姊家在南院七号，颇
宽敞，一室内有南窗者兄名之为秋荔亭。兄自备人力车代

步，距离近处往往甫车即下车，人窃笑之。其时许宝骐在清华肄业，就兄姊家包饭，余在燕京大学，亦时时走访。三人曾合译美国作家爱伦·坡小说《长方箱》一篇，以"吾庐"笔名交叶公超先生在《新月》月刊发表，其间姊曾就译词有所斟酌。此时期中，平兄于治学授课之余，时与余姊弟作"桥"牌之戏。朱佩弦先生即于此时学会打"桥"，且甚好之；旋自警曰：丧时废事，不可多玩，遂相戒节戏；前辈先生之勤学敬业盖如此云。

谷音集系昆曲爱好者同人之结社，取"空谷之音"之意，由平兄发起，于1935年在清华校园组成。社友中余所知者有浦江清、华粹深、汪健君诸君，时在兄姊家作"同期"。

说起昆曲，往事多矣，且系吾兄姊一生一世中较为重要之事，故复赘书数语。吾姊幼年弹琴之外，同时又从爵龄六伯学唱昆曲。伯为抄曲词若干折为一册，题曰"绣余清课"。《游园》"袅晴丝"一曲，余自儿时起数十年间聆听不下数百遍，既熟背其词，亦能轻歌几句，惟不懂"工尺"。平兄之度曲，实始自1925年后在老君堂寓居之时。延聘曲师笛工，每周两次，极"妇唱夫随"之乐。于是姊之曲业大进，能唱整戏数十出之多，且深通音律，晚年曾为先兄许宝驹遗作《文成公主》打谱。平兄则歌喉不亮，唱来未必尽美，而深研曲学，成为理论与实践相结合之名家，实为难能可贵。解放后，1956年，在平兄倡议下，"北京昆曲研习社"组织成立，兄为主任委员，曾作数次排演。"文革"时当然解散，后经恢复并改组，由张允和大姐主持，至今。

说到"一天烽火卢沟桥"一段，益复感怀多端，不能缕述，仅举其荦荦大者。北平既告沦陷，平兄于出处之际煞费考虑。终以亲老不能远离，遂留下苦守，而任其两女俞成俞欣间关入昆明就学。此期间，兄淡泊明志，清操自持。周知堂翁时为伪北大文学院院长，后且曾出任伪教育督办，与平兄师友至交，而始终未以一言相浼，盖知之至深，其风仪亦有足述者。而佩弦先生远道自滇赠诗，有"亲老一身娱定省，引领朔风知劲草"之句，期勉之意，尤深且切，而兄亦终告无愧于老友。抗战末期，平兄经余介绍参加中国民主革命同盟（即"小民革"）北方地下组织（同期先后参加者尚有张东荪先生及叶笃义兄），是为平兄一生政治中之大事。抗战胜利之后三年革命战争期间，"小民革"在北平文教界中展开民主运动，每次扩大征集签名，平兄无役不与。其中白色恐怖期间最著名之"十三教授人权宣言"，费仲南兄与余实主其事，由平兄洽请朱自清先生领衔，由向觉民先生达邀陈寅恪先生加入。文章一出，一言九鼎，冲破反动势力之乌云，民情为之大振。国民党市党部愕然震恐，说道："什么人搞的，把个瞎子糟老头（指陈寅恪）都搬了出来！"其恼火之情溢于言表。又"小民革"当时曾拟办一家政论杂志，余建议名为《庶议》，取"天下有道则庶人不议"之意，后未果行。平兄曾为此撰缘起一文，在会上宣读。《大公报》记者徐盈兄得此稿。解放后多年，徐兄出此稿相示，惜余当时未予抄存，徐兄取回后交与某报编辑部，嗣经查询，竟不知下落。又，平兄曾有《寒夜凤城行》长歌一首，书横幅赠费仲南兄，仲南张之客厅。后诗稿遗失，经向仲南兄家属查询写件，亦不复见。此二者，乃平兄一生著作中之重要佚文，殊觉可惜，愿得之者终表而出之，亦文坛中一佳话也。以上诸事，有逸出本节时间范围者，因连带关系而并及之，亦聊存史实之意，不计体例矣。

在沦陷八年期间，兄生计困难自不待言。而兄既乐道，姊亦安贫。《歌》中后咏下放息县一段生活时有"双鱼涸辙自温存"一句，移在此处亦至恰切。其时米珠薪桂，平兄在私立中国大学任教薪水微薄。吾姊持家理计，大费周章。且曾两度遭窃，衣物丢失殆尽。吾姊生平为人，练得一种耐性，无论逆境顺境，从不急躁使性。晚年自号耐圃。《歌》中后有"君言老圃秋容瘦，我道金英宜耐久"之句，隐此二字，情味深长。其时余亦感经济困难，余妇乃有在家创办交卖会之举，取家中及亲朋处之无用旧物标价售卖，酌取手续费。吾姊后亦仿行，古槐书屋曾为货场，平兄且曾亲为记账。余集四书句为联云："万取千焉，千取百焉，其实皆什一也；以其所有，易其所无，岂曰小补之哉。"恰恰道出此会之性质及做法。又一联曰："臣心如水，臣门如市；韫椟而藏，待价而沽。"则写一时之襟抱，实与平兄共之，殆亦所谓"相濡以沫"者欤！

《歌》中于三年革命战争及解放后至"文化大革命"两段期间之生活，无所记述，仅以"丽谯门巷溯前朝，五十余年一梦遥。此后甄尘不回首，一肩行李出燕郊"四句泛泛带过。忆兄姊伉俪奉双亲挈子女居东城齐化门老君堂七十九号寓所，自1919至1969凡五十春秋，此"一梦"诚"遥"且长矣，其间风雨晦明，悲欢离合，而余及宝骢兄弟一时曾与有份焉，今亦不遑悉记矣。至其"一肩行李出燕郊"之日，余仓皇走送，六目相对，四顾凄然。当时诚不知今生是否尚有重逢之日。悲泪洒地，其中似有"文革"期间余姑母太夫人之血痕！及今思之，愤极恨极！

《歌》中近尾处写下放息县一年余间之陇亩生活，情味隽永。余无所知，不能妄赞一词。惟诗有一句提及其"葺芷缭衡"之室名，则又引起余之一段回忆。自注谓此名取义于《楚辞·九歌》，实则尚巧含二人之名字。盖吾姊小名芷官，兄则学名铭衡，佳名配对，天然巧合。芷官这名，吾母一直呼唤，至姊出嫁后始改其字长环（平兄以为有"长管丫环"之病，余为改称莹环）；吾父则更昵呼为"妞儿"。余儿时顽皮，时时学呼，父母轻斥，姊则一笑。此为余一生初忆中又一丝残痕，今已均可与言者矣！

以上各节，拉杂写来，读之竟似传记材料，足供家乘录存。因又想到其《红楼梦》一案，与兄姊一生关系非浅，而《歌》中犹一字不提，此中或有深意。余今就回忆所及略记数事以告世之"红学"家。

平兄之著《红楼梦辨》，实始于 1922 年春夏之交，时住杭州城头巷。余年方十三，曾听兄谈论，亦读过部分初稿。关于《秦可卿淫丧天香楼》一节，在甲戌本庚辰本出现之前，能洞烛此事隐微并推知其情实者，当推平兄独具炯眼。在平兄此种启发下，余开始理解所谓"读书得间"之意——原来从文字夹缝中还可读出名堂。现模糊记得，兄当时曾指出书中写贾珍为秦氏大举治丧时挂了一个拐杖一事，余又体会到所谓微辞暗刺以及文心笔法之类。凡此，均为余以后研读《红楼梦》而至今又从事索隐，于无意中撒下种籽，至于收获则少得可怜，惭愧之至……1954 年平兄因其"红学"观点而横遭批判，余惶惑之余无以相慰，只劝其深自检讨而已。吾姊间接遭难，其心情沉重不亚于当事人。事后多年犹有余悸。平兄一不嗜酒，二少吸烟，均无足戒，吾姊唯劝其力戒谈"红"而兄卒亦未能尽戒。此案最后终得宣告平反；平兄又以八六高龄邀赴香港讲学，而吾姊都不及见矣！地下有知，姊当粲然一笑，而于其旧

"病"复发大放厥词之举，则恐不免摇首叹息也。

余晚年稍治"红学"抉微发隐，偶有所见，辄撰文刊载于《团结报》，必先向平兄请教，获益良多。余有说香菱与陈圆圆一文，兄且嘱姊为查检资料，落实二人左眉梢上之一粒红痣，不敢说铁证如山，亦可谓妙证如水，余得书后果如兄所言大喜欲狂。亲戚情话，琴书消忧；奇文共赏，疑义同析。吾姊随时参加，甥孙韦奈侍坐。时多启迪，相与会心。此种意趣，时萦老怀。平兄自香港讲学归来后，自言旧日"红学"观点此时有些改变。此中消息，余似稍有体会，不足为外人道，尽在不言中耳。

右跋记事庞杂，行文粗糙，只以一片诚心，祝兄九秩荣庆，更预祝上寿百年，且不仅祝兄期颐，还祝兄将亲祝余小弟夫妇之期颐双寿也。

是为跋。

一九八九年秋

全文录写既竟，通读一过，发觉其中记北平"小民革"拟创办一家政论杂志一节，记忆有误。余当时建议杂志命名不是《庶议》，而是《横议》，取"天下无道，处士横议"之说。合当更正。老年忆旧，有时迷糊，余文亦难保全无失误也。宝骙又识。

同好同乐　相伴始终

外公外婆对昆曲的喜好近乎痴迷的程度，这可追溯到20世纪30年代他们居住在清华园时期。《秋荔亭日记》有很多与研习昆曲有关的记载：

> 一九三六年十月四日前晚之文脱草。趁九时公车偕江青[1]、延圉进城，在公园下车。在柏斯馨茶点。出时遇陶光。至景山前街许潜庵宅，曲集于十一时始，《赐福》《拾画》《叫画》《玩笺》《藏舟》，饭后唱《盘夫》《议亲》《茶叙》《琴挑》《痴梦》《佳期》《游园》《折柳》。五时半毕返舍……
>
> 廿四日下午一时半至工字厅，二时谷音社曲集，唱《扫花》《三醉》《藏舟》《絮阁》《看状》《冥勘》《问病》《痴梦》《泼水》。散将六时。晚逖生约打"桥"三局。
>
> 一九三七年一月一日晴。上午十时后赴工字厅，梅校长茶会并应谷音社集，到十四人，议决案七件，聚餐……
>
> 三日整理谷音社曲目。两岁以来凡八十五折……
>
> 四日阴。访佩弦。下午陈来，谷音社同人始习锣鼓。[2]

1　江青——浦江青先生。
2　俞平伯：《俞平伯全集》第十卷，花山文艺出版社，1997年11月。

1935年1月，外公在清华大学发起成立了"谷音社"，主要成员有许宝驯、浦江青、汪健君、唐兰、陈竹隐、张充和、张宗和、陶光、华粹深等，俞振飞、杨荫流、袁敏萱等人为客籍会员，何金海为笛师。这个由清华师生组织的昆曲团体，经常在清华园的"工字厅"活动，校长梅贻琦先生也时有参加。

为"谷音社"的成立，他撰写了《谷音社社约》，明确了"谷音社"成立的目的是："涵咏风雅，陶写性情"，"发豪情于宫徵，飞逸兴于管弦"。

谷音社社约引言

夫音歌感人，迹在微眇。涵咏风雅，陶写性情。虽迹近俳优，犹贤于博弈，不为无益，宁遭此有涯。然达者观其领会，则亦进修之一助也。故诗以兴矣，礼以立矣，终日成于乐；德可据也，仁可依也，又曰游于世；一唱而三叹，岂不可深长思乎。或以为盖有雅郑之殊，古今之别焉。不知器有古今，而声无所谓古今也，乐有雅郑，而兴感群怨之迹不必书异也。磨调作于明之中世，当时虽曰新歌，此日则成古调矣。其宫商管色之配合，虽稍稍凌杂，得非先代之遗声乎。其出字毕韵之谨严，固犹唐末之旧也。夫以数百年之传，不能永于一旦，虽曰时会使然，亦后起者之责耳。同人爱有谷音社之结集，发议于甲戌之夏，成立

于乙亥之春。譬诸空谷传声，虚堂习听，寂寥甚矣，而闻
跫然之足音，得无开颜而一笑乎。于是朋簪遂合，缄芥焉
投，同气相求，苔岑不异。声无哀乐，未必中年，韵有于
喁，何分前后；发豪情于宫徵，飞逸兴于管弦。爰标社约，
以告同侪。

一九三六年

从此"谷音社"高朋满座，胜友如云，师生同聚一堂，为
一时之盛。真的是玩也玩出了名堂。

1956 年 8 月，外公再次发起组织成立了北京昆曲研习社，
这个业余组织的成立，得到了当时任文化部副部长的丁西林先生
和北京市副市长王昆仑先生的支持。外公任主任委员，委员有项
远村、许时珍、周全庵、袁敏萱、伊克贤、许宝驯、许宝骙、张
允和等十人。北京昆曲研习社与当时的业余、专业昆曲团体建立
了广泛的联系，为挽救濒临灭亡的昆曲做出了很大的贡献。1959
年为"国庆十周年"献礼，"北京昆曲研习社"排演了全国第一
部全本《牡丹亭》，在长安戏院公演，周恩来总理、陈叔通、张
奚若、郑振铎、叶圣陶等出席观看了演出。一个业余团体能取得
如此成绩，与外公外婆锲而不舍的努力，以及他们的热情是分不
开的。对这一重大活动，在他的诗中有所记述：

曲社社友袁敏萱、周铨庵属题其《还魂记》剧照漫拈二绝句

长安歌舞集群仙，建国欣逢第十年。
幻出衣香和鬓影，俏书生倚画婵娟。

明贤纂本漫云修，难写芳菲绝世愁。
自是兰琼宜并秀，不因人远闲风流。

1979 年，北京昆曲研习社恢复。12 月 19 日在吉祥戏院召开恢复大会，外公虽出席，但婉拒社长一职，社长由张允和女士出任。直到外婆去世之前，在我们家中时有曲友们的聚会，只是没有以前那么频繁，也远不如以前那么热闹。那时有了录音机，外公便饶有兴趣地将外婆的演唱录制，并

20 世纪 50 年代，外公在老君堂寓所前留影

时时聆听，完全是一种享受。

一九七六年二月十六日下午四时至六时，永安南里十号楼

《鹧鸪天》词歌唱录音练习，许宝驯词、谢锡恩曲并指挥……

日记中提到的《鹧鸪天》是外婆80岁的作品，由外婆自己谱曲并演唱。他对这首词非常喜欢，十分重视，这次录音活动也是他们晚年涉及昆曲的最大活动了。

《鹧鸪天》耐圃八十自嘲

少小不谙世俗情，老来尤乏应酬能。

躬逢盛世容吾拙，白首相将度岁春。

心寂寞，意沉吟。天涯芳草倚阑人。

如梭岁月无知过，试问新来学习增。

外公注另一首《鹧鸪天》手迹

桥牌酣战

此后，外婆因多病，唱曲的时间越来越少，外公的兴趣也随之低落。1982年外婆去世，从此，在我们家里再也听不到笛声、曲声。

他们的另一共同爱好就是打桥牌。

一九三一年三月十一日上午上课，下午打"桥"，整理《移棋相间法》旧稿，写大字一页。

十二日继续整理此稿。下午正在打"桥"，朱公保雄来……

二十五日在清华上课，下午改新诗及词。打"桥"一局。

二十九日上午为诸生改作。下午打"桥"。晚看电影述欧战，不甚佳。

一九三六年九月十一日……下午天阴，访佩弦。夜浦逖生约"桥"局。

廿四日……夜江清、逖生鸣岐来打"桥"。[1]

1　俞平伯：《俞平伯全集》《秋荔庭日记》，花山文艺出版社，1997年11月。

一九七六年七月三十一日……下午与嘉正、广生、裕德打"桥"。

七日……夜雨甚，与广生、嘉正打"桥"至八时半。[1]

从所选日记的时间看，这"桥"从 20 世纪 30 年代，直打到 1976 年以后，时间跨越近 50 年。将桥牌引进家中的人是外婆的七弟，我的七舅公许宝骎从一本英文牌戏书上翻译而来，因此许家兄妹也都会打"桥"。只要许氏兄妹到家中，就一定要打上几局。为此，外婆还别出心裁地制作了一块台布，把黑桃、红桃、方块、草花分别绣在上面，并用一小木块写上数字，说这样一来，叫牌时不必说话，以防对方从叫牌人的口气中得到暗示。这个办法虽没能推广开来，但却与今日桥牌比赛所用方法，有异曲同工之处。

打牌本是一种游戏，但外公却很认真。他所记的"bridge 账"，每人有一栏，胜负均有详细记录，每个月要结一次"账"，拿给大家看，说从中可知哪个人失误最少，牌艺最精。"有总结，才会有提高"，他这句话绝不仅指牌戏而言，相信正是有了这样一种孜孜不倦的精神，才造就了这样一位学者。

自外婆逝世后，他再不打"桥"。打"桥"要有好搭档，他

2　俞平伯：《俞平伯全集》《丙辰京师地震日记》，花山文艺出版社，1997 年 11 月。

失去了最好的 partner——一生相依为命的伴侣，那心情是完全可以理解的。

最后的日子

1974 年，外婆患上一种很罕见的病，由于病势发展很慢，并未引起重视。到 1976 年 3 月她才遵医嘱入院治疗约两个月。在他们夫妻晚年生活中，从未有过长达两个月的分离，而又恰在外公中风之后，因行动不便，不能常去医院探望，只有靠书信往来。从 3 月中旬到 4 月初，在不足 1 个月的时间里，他竟写了22 封信，从询问病情，到家中吃饭、来客等琐事，无所不谈，但更多的是"悄悄话"：

润民谈你近况已悉。早办手续，早些出院，就是我的希望。此外别无所嘱。你前信说"度日如年"，我现今当说，一日三秋盼君如岁矣。

耐圃惠鉴：您住院一月得用新方疗治逐渐见好

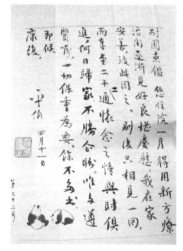

外婆住院期间外公的书信手迹

良堪庆慰。我在家安善，彼此同之。别后只相见一回，而奉书二十二通，怀念之情与时俱进，何日归家不胜企盼。唯多遵医嘱，一切保重为要。余不多书。即候康复！[1]

平伯四月十一日

对外婆的离去，他似有一种预感。外公并不是每天写日记，依他的习惯是："外出则书之，有事则书之。"然而，就在外婆逝世的前一天，他突然写了日记，详记了她住医院看病的全过

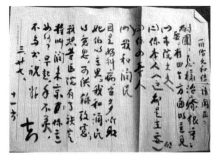

外婆住院期间外公的书信手迹

程。不想第二天（1982年2月7日）便成永诀。当她平静地离去时，他就睡在她身边，她是多么的幸福！享年87岁。

正月十三（1982年2月6日）环自昨小便不通，夜起二次，仍无。晨九时由成女、徐仲茂、高缘缘陪同，至"首都"急诊室导尿。幸有友人李舜伟照料，并给针药。九时半去，十一时余归。午袁绍良大夫来诊脉，云"若游丝，

1 俞平伯：《四月二十一日信》，韦奈收藏。

外婆住院期间外公的书信手迹

左脉尤细，乃气血两亏之症……

十四日（2月7日）晨栋携佳佳来，环尚呼之，神态安静。不进食，喂水饮之。下午二时遂卒。六十四年夫妇，一旦分手，痛哉！！！

高龄久病，事在定中。一旦撒手，变出意外。余心慌失措，欲哭无泪形同木立，次晨火葬，一切皆空。六十四年夫妻，付之南柯一梦……[1]

同年（1982年）外公著有《半帷呻吟》，从《壬戌正月十七日》第九首"二十五日失寐"等诗中，可知他当时的恶劣心境：

九　二十五日失寐

大觉何曾着，长眠亦未醒。

枯鱼无泪点，空自待天明。

1　俞平伯：《俞平伯全集》第十卷《壬戌两月日记跋》，花山文艺出版社，1997年11月。

十一 初八日

咫尺歧生死，无言尽百哀。

青山何日共，白骨已成灰。

十二 初十日

料理茶汤水，趋承病榻时。

不知人远矣，还待我寻之。[1]

　　他已无泪，他已无言。六十四年，青梅竹马两小无猜，风雨同舟白首偕老，这之中的恩爱与一朝成永诀的悲痛，不是我们可以体味到的。

　　在治丧期间，外公表现得异常冷静。他始终坚持"不要再去打搅她"的意见，丧事办得极其简单。只是在火化后，他一定要把外婆的骨灰安放在他的卧室内。从此，他变得愈发少言寡语，但那夜深的私语和神经质的狂吼，使我们深感他内心深处的孤寂与酸楚。所以，在他重病期间，无论如何不肯离开那间卧室而住进医院，他要永远与"她"在一起！

　　以下录外公所作：《妻许小传稿》。这是他在我外婆逝世后所作《半帷呻吟》中的文字：

1　俞平伯：《俞平伯全集》第一卷《半帷呻吟》，花山文艺出版社，1997年11月。

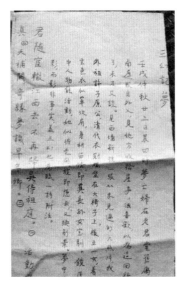

外公手迹

许宝驯（1895~1982）浙江杭县人。字长环，晚号耐圃。父引之，母程时嘉。清光绪乙未六月二十七日生于北京。六岁时避庚子之乱到苏州。随父之高丽仁川领带任。值日俄之战返国。辛亥前后住家住天津。一九一七年丁巳年九月十六日在北京与德清俞平伯结婚。以后居京师六十载。后丁巳重圆花烛平伯纪之以诗。

性喜文艺，解音律，能诗词书画，所作不多。在家时从其叔父初学昆曲。后渐深造有会，能自制谱。于三十年初，偕清华大学师生结谷音曲社。一九五六又偕同好在京结昆曲研习社，阅时八载。为其弟许宝驹《文成公主传奇》制谱。首折曰《远行》，

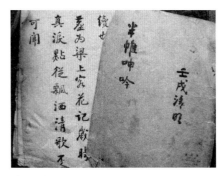

外公手迹

曾在曲社试演。唐宋词调久亡，后传之谱皆依曲为之，而节拍简短，声情未畅。今改用习唱之昆腔调法作谱。有如《沁园春》《卜算子》《鹧鸪天》等。并无师承，而音节缠绵，动人惆怅，盖创制也。

一九六九年冬偕夫下放河南五七干校。黾勉四迁，不辞劳瘁。于

外公外婆在老君堂寓所前合影

息县东岳集田居经岁。七一年迁京。

一九七九年为平伯手钞《古槐书屋词》二卷。影印行世。八二年壬戌正月十四以疾卒于北京，年八十有八，女二子一。[1]

这就是我的外婆许宝驯，一位普通的中华女性，以她无言的行动，她的爱和全部身心、毕生精力，陪伴支持着中国文坛这位巨匠。她把"相濡以沫""患难与共"诠释得淋漓尽致，她的勇敢与无畏，无私与奉献，将会永远伴随在外公身边。

1 俞平伯:《俞平伯全集》第一卷《半帷呻吟》，花山文艺出版社，1997 年 11 月。

四、娘家舅亲——许氏兄妹

外公外婆与许氏姐弟
左后许宝骙　左二许宝骐　右一许宝骒

外婆是许氏族的长女，她的兄妹很多，长弟许宝驹（字昂若，有四女：渊儒、谦儒、通儒、英儒）；二妹许宝骍20世纪50年代病逝；三妹许宝骐；四妹许宝骒（有一女：任庆民）；六弟许宝骙；七弟许宝骡。

外公与许氏家族的兄妹们的关系十分亲密，从垂髫到白首，往来不断，这在许宝驹的六弟许宝骙为俞平伯所作《重圆花烛歌跋》一文中有所记载（见前文）。

外公也时常回忆起他与许氏兄妹在杭州的时光，说那时他们都很年轻，是一生中最快乐的时候。也因此他眷恋着杭州。这在他的作品《西还》中可找到许多记载：

晚风

晚风在湖上，

无端吹动灰絮的云团，

又送来一缕笛声，几声弦索。

一个宛转地话到清愁，

一个掩抑地诉来幽怨。

这一段的凄凉对语，

暮云听了，

便沉沉地去嵯峨着。

即有倚在栏杆角的，

也只呆呆的倚啊！

一九二四,四,二三。[1]

竹箫声里的西湖

淡月微云之下，

西泠桥之上，

女性歌喉的颤荡；

船儿便装回地了。

这是何等的自然啊！

---

1 俞平伯:《俞平伯全集》第一卷《西还》,花山文艺出版社,1997年11月版第192页。

萤火虫起来听哟，

虾蟆们起来听哟，

群山也起来听哟。

果然——萤熠熠的流了，

蛙阁阁的闹了，

一味的乱着了；

只青山是睡着，

只青山是睡着了！

他们久已被拥抱在月姊妹底一双白肩臂底中间了！

虽恋歌似的笑，

挽歌似的哭，

只当作迷迷的眠歌听啊！

歌声跟着白衣裳散了，

小划儿载着沉重的心弦一束，怅然地归去。

如解人意的，

请慢慢的摇啊。

终归要归去的呢！

宁可摇得慢慢的啊，

假如你是解人意的。

船舷虽是将要偎着，

穿白衣的她们，

面庞是尚黑的。

月光底淡薄，云气底朦胧，

知道怨谁好呢！

近了！

碎的是笑语声，

重的是桨声，

断还续的是箫声，

默着的，我们底声。

竹箫低到可爱，

圆到可怜了；

又匆匆荡过湖心去，

在别的心琴面前陶醉。

打乱了湖上的低箫，

那双桨底罪过呀！

送我们到繁灯之下的？

只柏香云菱知道啊！[1]

---

1 俞平伯:《俞平伯全集》第一卷《西还》，花山文艺出版社，1997 年 11 月版
第 198 页。

笑声是碎的，桨声是重的，箫声是断还续的，而默着的呢，是他们，他们不出声，只尽享着睡了的青山，薄的月光，朦胧的云……是多么美的一幅画卷。

外公对杭州的眷恋给朱自清先生留下十分深刻的印象，在朱自清为《燕知草》所写的序中，有这样一段话：

> 杭州是历史上的名都，西湖更为古今中外所称道；画意诗情，差不多俯拾即是。所以这本书若可以说有多少的诗味，那也是很自然的。西湖这地方，春夏秋冬，阴晴雨雪，风晨月夜，各有各的样子，各有各的味儿，取之不竭，受用不穷；加上绵延起伏的群山，错落隐现的胜迹，足够教你流连忘返。难怪平伯会在大洋里想着，会在睡梦里惦着！但"杭州城里"，在我们看，除了吴山，竟没有一毫可留恋的地方。像清河坊、城站，终日是喧阗的市声，想起来只会头晕罢了；居然也能引出平伯那样怅惘的文字来，乍看真有些不可思议似的。
>
> 其实也并不奇。你若细味全书，便知他处处在写杭州，而所着眼的处处不是杭州。不错，他惦着杭州；但为什么与众不同地那样黏着地惦着？他在《清河坊》中也曾约略说起；这正因杭州而外，他意中还有几个人在——大半因了这几个人，杭州才觉可爱的。好风景固然可以打动人心，

但若得几个情投意合的人，相与徜徉其间，那才真有味；这时候风景觉得更好。——老实说，就是风景不大好或竟是不好的地方，只要一度有过同心人的踪迹，他们也会老那么惦记着的。他们还能出人意表地说出这种地方的好处；像书中《杭州城站》《清河坊》一类文字，便是如此。再说我在杭州也待了不少日子，和平伯差不多同时，他去过的地方，我大半也去过，现在就只有淡淡的影象，没有他那迷劲儿。这自然有许多因由，但最重要的，怕还是同在的人的不同吧？这种人并不在多，也不会多。你看，这书里所写的，几乎只是和平伯有着几重亲的H君的一家人——平伯夫人也在内；就这几个人，给他一种温暖浓郁的氛围气。他依恋杭州的根源在此，他写这本书的感兴，其实也在此。就是那《塔砖歌》与《陀罗尼经歌》虽像在发挥着"历史与考据癖"，也还是以H君为中心的。

朱自清说得明白，对我外公的了解绝对是"知根知底"。杭州有年轻的恋人，有许氏姐弟一家人，在他的眼里，杭州也就分外的美。

俞樾弟子为他建的"俞楼"就坐落在西湖边，与西泠印社毗邻。早先是三层小楼，我们去西湖必住在那里。那儿好啊，推窗望去，湖光山色尽收眼底，柳丝飘曳，湖水轻柔，远山在墨里泼，画舫在绿里荡，也就说住在这儿不必再去游西湖了。遥想当年，外公他们在这里嬉戏玩耍，挑灯夜读，有多爽！更何况"楼外楼"就在旁边，这对爱吃的外公来说，无疑是一大快事，西湖醋鱼、叫花鸡、炸响铃……也就难怪到晚年他仍对杭州菜情有独钟。每次我们从西湖回家，他总会问有没有去吃"楼外楼"，回答自然是说去了去了。其实没去，不是不爱吃，是因为变了味儿难吃不说，又贵得吓人，哪儿会像他们那会儿。

住在"俞楼"的时候，每到傍晚，独自一人坐在湖边的长椅上遐想，想这长椅可是我外公外婆依着傍着的地方；想这湖水可被他们抹过划过；想他们是否也望那墨的山绿的水……我也就恋着她了。

外公外婆与许氏兄妹共同的志趣爱好很多，玩儿在一块，读书也在一起。就有人想到既然大家不停在买书，何不搞一个藏书庐，就有了他们的"吾庐"，还正经八百地刻了"吾庐藏书"印章，每本书都有编号，十分认真。既然有了庐就还得有个约定，大家就让我外公写，也就有了下面我要说的《代拟吾庐约言草稿》。短短的文字，写得真好，足以让我们看到当年的这样一群年轻人是怎样对待人生，对待生活的。也就难怪，20 世纪初叶会有那么一大批佼佼者脱颖而出。《代拟吾庐约言草稿》，不可不读。

代拟吾庐约言草稿

我们认为一个人对于自己的生命与生活，应该可以有一种态度，一种不必客气的态度。

谁都想好好的活着的，这是人情。怎么样才算活得好好的呢？那就各人各说了。我们几个之间有了下列相当的了解，于是说到"吾庐"。

一是自爱，我们站在爱人的立场上，有爱自己的理由。二是平和，至少要在我们之间，这不是一个梦。三是前进，惟前进才有生命，要扩展生命，惟有更前进。四是闲适，"勤靡余暇心有常闲"之谓。如此，我们将不为一切所吞没。

假如把捉了这四端，且能时时反省自己，那么，我们确信尘世的盛衰离合俱将不足间阻这无间的精诚："吾庐"虽不必真有这么一个庐，已切实地存在着过了。

这是一种思想的意志的结合，进德修业之谓；更是一种感情的兴趣的结合，藏修息游之谓。生命至脆也，宇宙至大也，区区的挣扎，明知是沧海的微沤，然而何必不自爱，又岂可不自爱呢。

读外公的《代拟吾庐约言草稿》，感触颇多。

《代似吾庐约言草稿》全文390个字，用字不多，却十分透彻地讲明了一个人对生命与生活所应持有的态度。虽时隔六十多年，然而对我们，仍有着十分现实的意义。

"我们认为一个人对于自己的生命与生活，应该可以有一种态度，一种不必客气的态度。"起笔，便道出了一个非常严肃的主题，直道出对待人生应是"一种不必客气的态度"。能否严格地要求自己，能否珍惜时间珍惜生命，能否爱己爱人，能否为社会的进步做有益的贡献等等，都包含在这落地有声的九个字之中！如果我们每个人都用"不必客气"这把尺子去丈量人生，无疑我们的生命会更有价值。

对于"不必客气"的人生态度，他用简练的笔墨归纳为四条：

"一是自爱"。这里提出的"自爱"是有条件的，这个条件，把"自爱"与"自私"做了严格的区分："我们站在爱人的立场上，有爱自己的理由。"你要自爱吗？那么你首先要学会"爱人"！这是做人的准则。你要爱自己吗？那么请你首先爱你周围的人，爱你生活的这个世界。看我外公的每一个时期，他总是在爱着人，爱他身边的一切，有这样的爱，也才有爱自己的可能。

"二是平和"。对这"平和"二字的理解，我以为包罗万象。表面上看，它似乎是指个人的心境，但实际上仍是对他人而言：宽容、理解、关怀、爱护、同情、帮助、团结、友爱……以"平和"二字自勉，无疑，我们生活的环境将会有很大的改善。回想外公的一生，"平和"在他身上的体现是真真切切的，无论坎坷风雨，他总能以"平和"的心去对待。这"平和"二字，可是帮了他的大忙。

"三是前进。惟前进才有生命，要扩展生命，惟有更前进"。这就不用多做解释了，寥寥数语，说出了一个永恒的真理。外公的一生，就是前进的一生，他没有违背"约言"，前进着有了他的成就，前进着扩展了他的生命直到永远。

"四是闲适"。这是一种生活的方式，繁忙之余应当学会休息。"闲适"是心境，也指与人无争、与世无争的平和心态。夫妻之间、朋友之间、同事之间……闲适相处，自然会有融洽与和谐，尔虞我诈自无容身之地。"闲适"的心境，在我外公那里体现得透彻，"大水养鱼法"的生活方式，可以为他的"闲适"做一个最好的注解。

吾庐藏书

学着去自爱，学着去爱人，是我读后的感受。说着容易，做着难，现今的社会缺的就是"爱"。

外公是多情的，他的多情皆因人而生。因着朱自清，他恋着"秦淮河""鸡鸣寺"；因着叶圣陶、王伯祥等一批挚友，他恋着北京；因着与夫人同甘共苦的一年干校生活，他恋着河南息县东岳集这小小的村庄和那里的人们……只是他的恋眷不表露在外，只能在他的文字中找寻。

在许氏兄妹中，除三妹许宝骃早年随夫往美国定居之外（晚年在北京居住），其他人都居住在北京，亲人之间往来甚密，成为他们生活中的重要组成部分。

1975年外公外婆与三妹、四妹、六弟同游北海，回家后，他兴致勃勃地写诗并注。从这首诗中基本可以了解到俞许两家一百多年的姻亲关系。

戊午六月初四晨游北海公园作

重来海子看荷花　　十余年未到

藤架新添傍水涯

细数两家同老寿　　李义山江屯题壁诗数家同老寿

五人三百七旬余　　许俞二氏婚姻始订于一八六三年同治
　　　　　　　　　二年癸亥迄今一百一十五载矣，是日
　　　　　　　　　同游者余夫妇与三妹，骙若弟静玟优
　　　　　　　　　俪，合得三百七十九岁

漪澜北望五龙亭

渡舫如梭不暂停

冬月曾从湖面过

茫茫玉宇一壶冰

漫言足不窥园易　　丁巳年五言旧句
今倩人扶亦出游
春得园林邀旧赏
碧波红影共舒眸

亭亭圆殿水迁居　　团城原四面临流通以小桥
桥跨双虹可似初
王气不随胡马去　　辽人初建燕京历金远乞清丁丑又有卢
　　　　　　　　　　沟桥之变几阅沧桑矣
参天松栝玉浮屠　　玉佛妙像庄严

外公手迹

大舅公许宝驹

外婆的长弟，许宝驹（1899~1960）是我的大舅公，字昂若。"民联"的主要创始人之一。历任"民革"第二、三、四届中央常委，民革中央宣传部部长、学习委员会副主任委员、理论政策研究委员会副主任委员等职。

许宝驹青年时代求学于北京大学，在五四运动的影响下，参加了反帝反封建的斗争。在抗日战争时期，他拥护中国共产党的坚持抗战、坚持团结、坚持进步的号召，参与发起成立了"中国民主革命同盟"。1945年，为集合国民党力量，反对蒋介石的独裁统制，他参与发起了"三民主义同志联合会"。始终与共产党保持着良好的合作关系。1949年6月，许宝驹以民联中央常委的身份参加了新政治协商会议筹备会，被安排在负责起草共同纲领的第三小组。第三小组可谓名人荟萃，除由周恩来任组长外，另由北京大学教授许德珩任副组长，宦乡任秘书，组员的阵容十分庞大，有章伯钧、廖承志、邓颖超、周建人、罗隆基等共23人。

见大舅公，多数是在我的六舅公许宝骙家里。因为身体不好，在我的记忆里，他多数时间是躺着或靠在沙发上，见他总觉得挺严肃，也就怯生生叫声"大舅公"，赶忙跑去找喜欢跟孩子玩儿的六舅公去了。尽管如此，他矮小佝偻着的身躯仍留给我很深的印象。

　　他是政治上的风云人物，却又受到书香门第的熏陶，才华横溢，文学作品充满着灵气，他的《西湖梅品》清新淡雅，不可不读。

西湖梅品

　　梅之姿欲其寒瘦，梅之态欲其孤逸，"疏影横斜水清浅，暗香浮动月黄昏"，颇能状其姿。"雪满山中高士卧，月明林下美人来"，颇能肖其态，所以为千古名句也。余游踪不广，读梅不多，即以湖上之梅论之：孤山百株，大抵皆官家补植，数枝临水，清艳殢人。惜杰构不多，余皆柔条嫩枝，罕有苍劲之气。近年通衢既筑，孤山几成闹市，暖日烘晴，游人鳞集，缟袂相联，古艳可狎，处士有知，得毋有入山不深之感耶？灵峰寺亦以看梅著称，实则灵峰自有胜境，其胜不必在梅也。梅皆植于院内，一亩之地，凡数十株，琼英绛萼，众芳暄妍，佳处在此，其弊亦在此。袁中郎《瓶史》云："插花当如画花，布置不可太繁，亦不可太瘦。置瓶忌两对，忌一列。夫花之意态，正以参差不伦，有天然之妙。"插花犹如此，况种花乎？况种梅花乎？任他梅子熟，我知此僧终不能证菩提境矣。

　　入烟霞洞，一径苍翠，时闻寒香，虽零落山阿，而韵格高胜，刚健婀娜，正不输红罗亭畔也。西泠印社绿萼一株，临池敧侧，高不及丈，顶圆如车轮，花发亦繁，最为游人称赏，余终惜其以人胜天，斫丧真气，使遇龚瑟人必将泣之三日而纵之病梅馆中。他如公园所植，庙堂墓道所栽，则红绿相间，枝叶相当，不啻省墀排衙，墓门华表尔。

世有真赏者，当求之野人篱落之间，或山行失路，误入人家，短竹碍帽，门掩荒苔，忽睹一枝，丰神绝世，殆如世外佳人，相对无言，可以忘饥。薄暝催人，欲留难住，又何减刘阮之入天台耶！此境不可求，只可偶然得之。

吾家安巢别墅，有梅二十本，虽不古，亦不甚今，名骨里红者三株，凝脂炼砂，异于凡卉。绿萼一株，高丈许，亭亭如盖，花底可容五人，席玉麟寂，斜月飞香，时有繁枝也。玉蝶一株，作同心比翼之妆，送春梅则与杏花同发，为姑射群仙之殿。其他或拱或揖，或偃蹇比名士，或轻倩似美人，随其兴之所至，不为世态。安巢僻在山麓，游屐罕至，闭门终岁，与世相隔，群花开落，年年孤芳自赏，自是花中巢许，颇能肖其主人。余尝为逋客，浪迹湖海，故乡花事，久断消息。迨十六年春，始返乡里，居山中，是冬花发特盛，余读书其间，古香漠漠，沁人心脾，一襟绛雪，映带丹铅，如此的功德，不知几生修得到也？

余记湖上梅事只此。而真态生香，长萦梦寐者，乃在庾岭。十五年之冬十二月，自粤至赣，逾大庾岭，空山清冷，古梅数百株，南北枝皆著花，大雪以后，鸟雀皆稀，冷艳寒香，凌风却月，令人有天际真人之想，不欲微吟相狎也。一别云山，今生几时再能得到，遥念梅花无恙，天寒日暮，得毋闲煞翠禽耶。

与外公外婆一样，他们从小受到父亲的影响，喜爱昆曲。1959 年，大舅公创作的昆曲《文成公主》，表达了他积极拥护平定西藏叛乱，希望西藏和平的爱国思想和热情。其中《远行》一折由外婆为之谱曲，姐弟合作，享誉一时。

尽管他是民主人士，却对共产党无比忠诚，即便是在最终造成三年严重困难时期，他仍用"欢乐乐无穷""每饭不忘党之恩意隆"的诗句歌颂，希望他自己也能"跃进，跃进学工农"。今天看这样的诗句真觉得他有点儿天真又够迂腐，但不管怎么说，这是他真情的表露。那是 1958 年的春天，他已是重病在身。

许宝驹生有三女，无子，又因他的弟弟许宝骙也无子嗣，而他的七弟许宝騄终身未娶，许氏男丁不旺，许氏无后，便成大问

许宝驹与孙子许以林

题。经许氏兄妹与外公外婆商议，决定将大舅公长女许渊如的二子林泽伟过继到许家，改名许以林，等于从外孙变为了孙子。过继仪式十分隆重，在我六舅公当时居住的位于北京后海的大金丝套胡同寓所举行，外公为见证人。当日亲朋满座，气氛融洽热烈，这是许氏家族后有传人的重大举措。果然，许以林不负众望，数年后与肖氏能懿成亲，生有一子许晨。许氏后嗣有人，成为全家人的最大安慰。

1960年1月，许宝驹因病逝世，享年61岁。骨灰被安放在八宝山革命烈士公墓，这该是对他一生与共产党精诚合作的最高褒奖。

六舅公许宝骙

许宝骙（1909~2001），是我外婆的六弟，我叫他六舅公。是第二、五届全国政协委员，历任中国国民党革命委员会中央委员会第五、六届常务委员，第九届顾问，中国国民党

许宝骙

革命委员会中央宣传部副部长，理论政策研究会副主任，学习委

员会副主任，《团结报》总编辑、社长。是"中国民主革命同盟"的重要发起人之一。

1932 年毕业于燕京大学哲学系，学生会主席，风流倜傥，是学校里有名的才子。他有才有识，爱好广泛，是个非常幽默有趣的人，一手好字漂亮极了。他的英文特别好，曾经把莎士比亚的十四行诗译为中国格律诗，了不得啊！这得有多好的英文和中国古典文学功底啊！此外，他还翻译过两本哲学著作，其中一本名《新工具》。这两本书目前仍在发行。

20 世纪 50 年代，他与夫人钱同住在北京宽街一所很宽敞的宅子里，后来因房东收回，他们买下位于后海大金丝套的一所小院，院子不大，倒也玲珑。他喜欢收藏石头，家中博古架上摆放着许多奇石，玲珑剔透，造型各异，块儿块儿都是精品。我们好奇去看，他会叮嘱说只许看，不许摸，宝贝着呢。可惜，"文化大革命"抄了家，一块儿也没有保存下来。

六舅公没有子女，因此他特别喜欢孩子，到晚年更是喜欢与年轻人交往。年幼的我和妹妹最喜欢去他家，

许宝骃与亲友的曾孙辈

不仅可以跟他玩儿，还能有各式各样的小零食吃。每当他要留我们住在他家时，便会与我们开玩笑唱歌般地说："宽街住，有好处"，"大金丝套住，有好处"。所谓的好处，是因为他有胃病，需要少吃多餐，甚至夜里也需要吃些饼干，于是每当我们能住在他那里的时候，睡觉时也少不了吃些小饼干之类的东西。这玩笑的话，直到很久很久以后，我们见到他还会山歌般地唱"大金丝套住，有好处"，他笑得开心，我们留恋无限，是多美好的回忆。

六舅公喜欢读《红楼梦》，这或许是受我外公的影响，但他是个"索隐"迷，与外公以"考证"为主的研究方向完全不同。因此，当他们谈论《红楼梦》的时候，外公外婆对他的"索隐"见解多是当作笑谈。记得有一次谈起《红楼梦》，六舅公突然冒出"林黛玉曾经有过小产的经历"这么一句话，让外公外婆大吃一惊，细问缘由，六舅公解释说是因为林黛玉身边有个丫鬟名叫"小红"，说"小红"显然有"小产"的意思，如此"索隐"，逗得外公外婆哈哈大笑。外婆对弟弟的言论大不以为然："简直是胡说！"外公只是笑着说："不敢恭维，不敢恭维！"这当然都是兄妹之间的趣谈，谁还会把它当真。

六舅公跟我外公外婆一样，特别喜欢打桥牌，每次到我家，只要人手够，就一定会打上几局。在牌桌上，他也是话最多，最热闹的一个。我外婆也就常说都老了，还像个孩子似的，话语中流露着大姐的一份爱。打牌的时候，六舅公是最喜欢"冒叫"的一个，虽输了分，也开心。他也喜欢下棋，遇到我舅舅在的时候，总要下几盘，输赢不在话下。到晚年他闲下了，没事儿就拎个小马扎，去街上凑热闹看人下棋，自得其乐。

六舅公跟他的兄长许宝驹一样，抗战爆发后，积极追随共产党，1945 年参与"三民主义革命同盟会"地下组织，在争取北平和平解放的过程中开展了积极有效的工作。这样的追随贯穿他的一生。

2001 年 9 月因病在北京逝世，享年 92 岁。

七舅公许宝騄

许宝騄（1910~1970），数学家。在中国开创了概率论、数理统计的教学与研究工作。在内曼－皮尔逊理论、参数估计理论、多元分析、极限理论等方面取得卓越成就，是多元统计分析学科的开拓者之一。是许氏姐弟中最小的一个。外婆的七弟，我叫他七舅公。

许宝騄

提到数学家，人们往往会想到华罗庚、陈景润，却很少会想到许宝騄。其实，他对中国数学研究的贡献以及由此产生的深远影响，绝不比其他人逊色，甚至更为出色。只可惜他一生病魔缠身，60 岁早逝，使得他的研究早早中断，这不能不说是中国数学界的巨大损失。

虽为数学家，但博学多才，文史兼通。自幼由家庭教师传授四书、五经、历史及古典文学，10 岁后开始学作文言文，因此他的用词造句十分精练。中学毕业后，进入燕京大学理学院学习，但此后受到他的表姐夫徐传元的影响，对数学产生兴趣，在了解到清华大学数学系最好后，19 岁那年进入清华大学数学系学习。1934 年在北京大学数学系任教期间，担任正在北京大学访问的美国哈佛大学教授奥斯古德的助教。奥斯古德是分析方面的专家，在此期间他做了大量分析方面的习题，并开始与之相关的研究工作。1936 年赴英国伦敦大学留学，学习数理统计，攻读博士学位。1938 年获得哲学博士学位，在伦敦大学任教。1940 年发表与数理统计有关的论文，成为该领域的重要文献，从而获得科学博士的学位。抗日战争爆发后，他决定回国效力，在西南联大任教。此时，我母亲和二姨正在西南联大读书，也因此与

1946 年 12 月，许宝騄（右）与巴特莱特（左）克拉默在美国

他往来密切，经常会跑到他家里去"打牙祭"。七舅公是许家最小的一个，年龄与我的母亲、姨母十分接近，虽然是舅父，更像是好朋友。

新中国成立后，他有许多机会在美国任教，都被他婉拒，回到北京大学。1963年，医生发现他的肺部有空洞，并已产生抗药性，学校多次安排他休养，都被谢绝，抱病同时带领3个讨论班，指导青年人从事科研工作。1970年他因病在家中逝世，床边放着的是一支钢笔和未完成的手稿。

与其他许氏姐弟一样，七舅公与外公外婆往来非常密切，是家里的常客。他跟我外公都喜读《福尔摩斯探案集》，年轻的他们，时常嬉戏扮演福尔摩斯和华生，我七舅公那消瘦的身材与书中对福尔摩斯的描写十分相似，而外公的憨态，恰似华生。一天家中"失盗"，俩人煞有介事地"侦探"了好几天，当然没有结果。说到打桥牌，这事儿就跟我的七舅公有直接关系了，最早就是他把英文的"牌戏"翻译后引进，教给大家。他当然是打桥牌的高手，数学家嘛，计算精确，很少失误。我小的时候，常随母亲到北京大学看望他，要先搭公交车到西直门，在那儿叫上个三轮车，嘎嘎悠悠走好久。在他那儿最开心的就是听他讲笑话，也不知他哪里来的那么多笑话呢。

在留下的不多记忆中，他吸烟的怪习惯，到现在还记得。他吸烟很凶，更奇怪的是每支烟只吸一半便竖插在烟灰缸里，待一盒烟吸完后，他会重拾那20支"烟屁"。我非常好奇问为什么这样抽？他笑笑说："这留下的后半截，是抽着最有劲的。"此后尽管发现他的肺有空洞，但吸烟这嗜好从未中断。因身体不好，加之忙于研究工作，他终身未娶，晚年少人照顾，更显孤单凄凉。

为使读者能对这位中国伟大的数学家有更多的了解，以下征引我的母亲和舅父俞润民记述许宝騄的文章。这些文字是第一手材料，更加真实可信，读起来倍感亲切。

长相忆

——怀念宝騄七舅

俞成

我国著名数学家许宝騄，是我的七舅，也是我的良师。他去世已十年了，时年六十。每当我想起他时，往事历历，如在目前。此时此刻我又陷入了深深的追思之中。

（一）童年的伴侣

我母亲的弟妹很多，最小的就是七舅。他比我只大九岁。1925年，他家还住在天津，他和六舅到北京来，住在我家，每天到中学去读书。从那时起，我和他就结下了不解之缘。我们住在东城老君堂的旧宅。早晨一起床，我就跑到他的房间去。他总是用上学前的那几分钟和我开玩笑：有时高高举起一个空牙膏盒说是给我玩的，但却又让我拿不到手，有时一边洗脸一边用手指弹些水到我的身上……这只不过是我孩提中最初印在脑海中的一些鳞爪。渐渐地，他的形象就在我幼小的心灵中高大起来，是仰慕，是畏惧。在我的心里，他似乎生来就什么都知道，尤其是许多数学和纸牌游戏。他能用火柴摆出各种数学题，只要挪动一根就能得到答案；能用同样数目的黑白围棋子摆成黑白各半的一行，每次只许同时挪动两颗，几次后就能成为黑白相间的一行。至于纸牌游戏，那更是扑朔迷离，往往使我看得发呆。在仰慕的同时，也使我十分畏惧：首先，他对我的责备是不留情的，往往因为说了一句愚蠢的话，他就要板起面孔来；做错了哪怕是极小的一件事，他也要认真地批评我直到承认了错误为止。

他有时也极活跃，兴致很高。有几件儿时游戏，到今天仍然记忆犹新。我家的房子是老式的四合院，四面都有走廊。在走廊的四角，各是方方正正的一块空隙。因为没有窗子，不见阳光，十分阴暗。我们就在这样的廊子上玩"保唐僧"的游戏。参加的有六舅和我的弟弟妹妹，父亲也偶尔加入的。在阴暗的角落里藏着妖怪，孙悟空等几个徒弟簇拥着唐僧经过时，妖怪就猛地把唐僧抢走。然后就是一场混战，最后，妖精总是被降服了。另一件有趣的游戏就是"破案"。我们喜欢听七舅讲福尔摩斯的故事。听的人起劲，讲的人更起劲。后来七舅就以福尔摩斯自居，父亲就做他的助手华生。有时为猫偷了鱼吃，或鸡被黄鼠狼叼走了，也要煞有介事地侦查一番。有一次清早起来，不知是谁发现东院里真的出了事，从墙那边爬过贼来把书房里的一些东西偷走了。线索是靠墙处的芍药圃上有一只破鞋，还有一些脚印。根据这些，七舅自然要大作文章了。一连侦查了几天，似乎很有成绩，但最后结局如何，我也记不起了。有一段不很长的时间，家中忽然掀起下棋之风。下的最好的当然是七舅，我们孩子只不过是跟着起哄而已。记得一次比赛后，他把下棋的人分为五等："国、高、中、劣、臭"，七舅是国手，而我则是"臭手"了。

（二）在清华园

1929 年七舅考入了清华大学数学系，我们很少有机会见面。直到 1931 年父亲到清华任教，母亲带着我们也搬到清华去住，我们才又得朝夕相聚。

小学毕业后，父亲因为我们年纪较小，在城里读书要给祖母添麻烦，住在学校又不放心，所以决定叫我们在家读书。那时开明书店有几位老前辈办了一个"函授学校"。这在当时也是个创举。我和妹妹报名参加了。除了综合性的读本外，每月还有一本作业。做完寄去，批改后再寄回给我们，上面还记上各科的成绩。七舅那时就自告奋勇地当了我们的辅导老师。他教学也有一套方法，使我们能很快地掌握、记忆。

他教英文时，有一次读到生词 Daughter，因这字较长，他就用字母谐音说笑话："弟弟爱油鸡阿七踢了一丫儿"，果然我们就记住了。他教我虽短短的一年，我受益却是很大的。他给我打下了良好的基础。一年后，我跳了一级升到了初中三年级。

七舅读书异常认真，对自己严格要求，一丝不苟。在清华，学校规定九点熄灯，但他总是点着蜡烛读书到深夜。他曾告诉过我们，每夜以燃完一只蜡烛为度。母亲也曾多次劝他："你身体不好，不要过分用功，累坏了身子。"但他只是笑笑，并不介意。

他读数学系，但却博引旁通，无论学什么，无师自通，一学即会。如拉胡琴。那时父亲喜欢唱昆曲，一天七舅买来一把胡琴，我们都惊异地望着，觉得很新鲜。只见他把胡琴放在腿上，用弓子调了调音，立刻就拉出了《游园》中那段"袅晴丝吹来闲庭院……"虽然音调还不是那么美，但使当时在座的无不吃惊。他的毛笔字也写得很好，娟秀挺拔，至今家中还保存着他手抄的昆曲谱。父亲的早年词集也是他手写的；提起打桥牌，他要算是我家的祖师爷了。后来我家几乎没有人不会打桥牌，到现在已传到第四代（我的孙子也学会了一些）。桥牌过去在我国很少有人打的。七舅在一本专谈纸牌游戏的英文书上见到，就介绍到我家。

他打牌也非常认真，和他同伙的人往往因记错一张纸牌遭到他的冷眼。

北京郊外的冬天，寂静枯燥。天一黑就有无所事事之感。外面北风呼呼，把玻璃刮得嘎嘎响。在这样的晚上，我们最盼望的人就是七舅了。有时他为了散散心，晚饭后也会到我家走走。我们见他来了，就一定要缠着他讲我们永远听不厌的侦探故事，越是害怕，越是爱听。有一次他讲到玻璃窗外突然出现了一个白面人的面孔时，我们都不由得惊叫起来。晚上睡在被窝里也会产生许多幻觉。七舅讲故事时的那种绘声绘色，有时在紧要关头突然停止的情景更增添了这些故事的恐怖，在睡梦中也会喊出："咦！咦！彩色带……"（这彩色带是故事中的毒蛇）。

时间是不留情的。这一段美好时光很快逝去。我插班入了城里的中学，七舅考取了英庚款公费，到英国伦敦大学去读书。

（三）在昆明

"七七事变"那年我十九岁，高中刚刚毕业，考入了济南齐鲁大学。当时家中反对我和妹妹离家，但我们去意已决，就在中秋节那天和两个同学一起南下，后又辗转到了湖南长沙，在长沙临时大学（后来"西南联大"的前身）借读。一年后学校迁到云南昆明，改名西南联合大学（清华、北大、南开三校联为一校）。不久七舅在英国得了博士学位（PH.D.），回国到联大任教。我们又得以相聚。

昆明是山明水秀四季如春的山城。我和七舅住得不远。他住的是教职员单身宿舍。当时同住的有罗常培（已故）、郑天挺、袁家骅……生活是相当艰苦的。大家合伙吃包饭，每餐照例是粗米饭，几盘蔬菜而已。他独居一室，没有人打扫，到处都是灰尘。那时的昆明，老鼠十分猖獗，把他的被褥枕头都咬破了，有时竟咬坏了他最珍贵的书或是他正在写的论文。为了避免这些灾害，他独出心裁，就是把枕芯打开，让老鼠钻进去随意取用里面的荞麦皮、蒲绒子。最后他宣布说，他房里的老鼠被他感化了，不再咬他那些重要东西。

我是他的晚辈，读书之余，对他自应照顾。每星期总要抽空去一两次，替他收拾收拾屋子，洗洗茶杯，有时缝缝补补。那时昆明时常受日本飞机轰炸，常常停电。他的蜡烛是必不可少的。每次去打扫，除了烟灰烟头，总是看见到处都是蜡烛油。夜里抽烟读书的习惯是多少年始终如一的。有时大家馋了，就凑些钱买些鸡、肉之类，大吃一顿。云南叫"打牙祭"。记得当时大家谁都没有锅。只好把一个洗脸盆（那最完整的）洗干净，把买来的鸡、肘子和许多鸡蛋放在盆里煮，他们称之为"吃脸盆"。有一次老舍恰巧去看他们，也参加了。在座上谈笑风生，引得大家大笑不已。

七舅讲课非常认真严肃。听同学说大家都怕他。听他那门课时,思想要高度集中才行。杨振宁当时也是他的学生。他的日常生活很少变化,不喜欢游山玩水,也不大和生人交往。除了上课外,只是在他那间小屋里钻研他所研究的课题,在数理统计上的成就是很大的。他的屋子里堆满了书,写的东西也到处都是,书桌上、床头上……

1944年我结婚成了家。他因有胃病,不能吃硬饭,就每天到我家吃一顿午饭。这也是没有办法中的办法。1945年他被聘请到美国讲学,直到1948年我们才又在北京相见。

(四)回到北京

这篇回忆七舅的短文,主要是些几十年来我和他的交往,是一条线贯穿的。这最后的一段包括的时间很长,但想起来可写的却少。原因很多:1948年我回到北京后,因患腰椎结核,卧床三年;1956年我参加了工作,在中学教书,他住在西郊,很少机会来往;1966年"文化大革命"开始直到他去世,这几年中我们只见过两次面。因之,我们的往来,不是以日以月计,而是以年计的。这一段权且算是对全文的一个总结吧!

首先我要提到的是1948年和他在北京见面时,他已将近四十岁，在学术上已经取得了相当大的成就，但却仍是孑然一身。他不结婚的主要原因当然是他把精力全部集中在学术的探讨中，无暇顾及私事；另外一个原因就是他多病，有几次别人给他提亲，他都以身体不好拒绝了，怕以他的病体拖累别人。

其次，从这篇文里，读者不难看到我的七舅天赋很厚。我相信他如果不是选择了数学，而是文学或音乐，他也会放出异彩，做出贡献而闻名于世的。对我来说这是遗憾，因为对数学我是一窍不通，很难写出他在数学上究竟有哪些成就。这工作只好留待数学界的人士给予评价了。令人惋惜的是他去世时仅六十岁，如果他能看到八十年代中国的崭新面貌，将会无比欣慰的。

让我再回到那些年断断续续与他相聚的日子吧！1957年以前，他的身体尚好。那时在北大任教，住在旧燕京大学的一排平房里，是个偏僻的住所。周围是高大的树木。秋季，西风落叶，更显得枯寂；冬季，下起雪来，白茫茫的一片，是个人迹罕到的地方。他时常进城来，住在我六舅父家里。亲人们知道他进城，都跑去看他。那小小的院落就顿时热闹起来。他说在郊外太寂寞，进城来调剂一下生活。他为人慷慨，每次进城总要拿出钱来请大家吃饭，自己却因怕累，很少去的。有一次人多极了。他和六舅制了很多灯谜，编好了就挂在墙上，让大家猜。猜中了就按号领奖；每逢过年，他喜欢用红纸包些钱分给小辈。有时母亲也约他到我家住几天。他最喜欢躺在客厅里的那张沙发上与我父母亲聊天。晚上当我陪着他经过廊子到他旧时住过的屋子里安歇时，过去那一幕幕又浮现在眼前。谁能料到相隔数十年，我们又在老房子相聚呢！

除了在城里相会外，每隔一两个月，我总要去看望他，同去的常是四姨。因为他平日生活很清苦，有一个乡下来的保姆给他收拾屋子，做些简单的饭菜。我们为了给他改善改善生活，常带些熟食之类，大家一起吃午饭，谈些家常，多半是往事。分别时，他必送我们到门外，站在台阶上向我们挥手，他那清瘦的面孔，微驼而细长的身子，使我永远难忘。

1966 年，疾风暴雨式的"文化大革命"开始了，它席卷了全国，波及到每家每户。我家也毫无例外地遭到了不幸。我心中悬念着七舅，不知他的处境如何，但又不敢去看他。当时他有一条毛裤在我手中织了一半。我想起一个办法：毛裤织好后，写了一个条子，叫我的义女曙辉（她是西郊那边的中学生）送去，顺便看看风势。当曙辉回来说七舅公躺在床上，看了字条，一语未发，只挥手叫她离去时，眼内充满了泪水，我也不禁黯然。不久就听说北大闹得很凶，七舅对面住的一位女教员就自杀了。我也不敢冒险去看他，怕给他添麻烦。直到 1970 年"文化大革命"

的浪潮稍稍平静，我才去看他。他孤零零地躺在床上，瘦得只剩下一把骨头了。看见我勉强作出高兴的样子。我问问他几年的情况，他也没有多说什么。只告诉我虽未被拉出去斗，但受的罪也不比拉出去斗轻；又告诉我他自己承认了是漏网的"右派"……我告诉他不久要到山西去看插队的女儿，回来再看他。谁知此一别竟成永诀呢？后来听说他临死时没有一个亲人在身边，也没有留下任何遗言或一丝遗物。床上只有几页未写完的手稿和一支开着的墨水笔……

1980 年 7 月 18 日于北京

记许宝騄先生青少年时代事

俞润民

编者按：本文作者系许宝騄先生之外甥，应北京大学概率统计专业校友会之约写下此文。

（一）移棋相间法

清康熙二十九年，褚稼轩《坚瓠集》中载有"移棋相间法"。最初由来，始于清顺治六七年。传授来自胡君，至清末，经学大师俞樾和夫人在闲暇之时，也做移棋之试，曾推至二十棋子，并作诗记载此事，诗云：

闲将棋子试推移，黑白分明亦一奇。

此后空留遗法在，更谁灯下运灵棋。

（自注）：褚稼轩《坚瓠集》有移棋相间法，以黑白三子，三移而黑白相间，自三子至十子皆然内人复推广之，自十一子至二十子，今存其法于《春在堂随笔》。

后来俞樾先生的曾孙俞平伯先生及其内弟许宝骤先生（时年仅十几岁，正在中学读书），根据《春在堂随笔》记载，又设法查找《坚瓠集》，知道了最初之法，他们就研究推增至五十子。以后并非不能再推加，因过于繁琐而止。过约一年后，许宝骤先生以研究所得移棋相间"合四为一"的新律相告，俞平伯先生有一段文字记此事，文曰：

己巳新正二日之夜，忽以电话觅谈，适余外出，越日访之，乃以合四为一之新律相告，其法简而整，其言明且清，虽其根柢不出四律，而去其繁冗，正其谬误，使人一览豁然贯通，于应用上方便至多……依新律，则口耳授受一分钟可毕，真庶乎儿童不乱矣。

清初以来的"移棋相间法"，本是一种有数学性质的游戏，许宝骤先生在中学时代与俞平伯先生一起，先是推至五十棋子，以后又总结出四条规律，本来还想成一公式，因许宝骤先生赴英国留学，科学研究任务繁重，对少年时代的游戏也就无暇再问了。

（二）书写俞平伯先生《古槐书屋词》

　　许宝騄先生出身浙江杭州名门，自幼通读经史子书，临池王羲之十三行书法。俞平伯先生是他的姊丈，在清华大学任教，著有《古槐书屋词》。当时许宝騄先生正在清华大学读书，在功课之余，经常到我家来。这时俞平伯先生就请他代为抄写《古槐书屋词》，后有印本流传，印数不多。四十年后，家中只存有一本，为恐其遗失，他的长姊许宝驯（即俞平伯夫人）按其弟许宝騄的手迹临摹，字体极为近似，并得以流传至今。其姊并为此作一跋，回忆当年在清华大学南院，她的七弟许宝騄在灯下制作书签的往事，因这时许宝騄先生已谢世，故跋语最后云："当年朝夕相聚，思之怅然欲涕，儿嬉情事，如尘如烟，偶记纤琐，不尽所怀也。"以上两事均我幼年所知，至今记忆犹新。

1998 年 10 月 7 日于北京

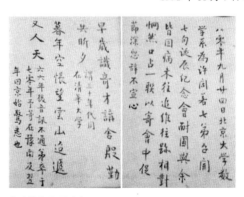

外公悼许宝騄手迹

三姨婆许宝骐与四姨婆许宝骙

许宝骐、许宝骙是我外婆的三妹和四妹。我叫她们三姨婆、四姨婆。

三姨婆因很年轻的时候就跟着丈夫去了美国，也就定居在那里。直到晚年才回国，住在北京劲松小区一个两室一厅的单元里。也就是从那时起，外公外婆跟她才有了较多的往来。从以下外公写给我舅舅、舅母的信中，可了解到他们与许氏兄妹往来的一些情况。

润民：来书收到。汝三姨母在此小住，十八日下午回呼家楼。"五一"飞美，不能参加昌实婚筵，但月底当在我家会面。六舅父拟写关于《红楼梦》文章。

润民、正华同览：

当四姨母迁居海淀科学院宿舍，听说房子很好，我们尚未去过。未装电话。公用电话可以打来，不能打去。书信不送达，要到邮局去取，亦很不便。将来会转好。

润民：

来信收到。四日上午我们同到海淀黄庄汝四姨母新寓午饭。我汝六舅父母、郭小玉、蒋雪瑛。晤谢象春（庆民

后排左一母亲俞成　后排左二外公俞平伯　后排左三许宝骐　后排右一蒋雪瑛

不在家）。房屋、肴馔均精美，亦难得之盛会。我们自河南归后至什方院午饭，这是第二次，已逾十年矣。四姨即将到郭二嫂处小住数日，然后偕雪瑛住三姨母新居，以待她十七日晚来京。

　　（作者注：呼家楼位于北京东郊，是外婆六弟许宝骙的居所，许宝骐自美国返京后，暂住他家。后有房子分派给她，住北京劲松。什方院为外婆四妹许宝骙位于北京东城的旧居。谢象春：许宝骙的女婿；任庆民：许宝骙唯一的女儿，生有一女一子，任建青和谢建新，成年后均在美国发展。）

外公与许氏三妹许宝骐

以上信件写于 20 世纪 70 年代末、80 年代初，我外公外婆刚从河南干校返京不久，各种政策也都在落实之中，外婆弟妹们的房子也都是在那时逐步落实着，那时大家身体都很好，往来多极了。三姨婆、四姨婆到我家来玩儿，有时干脆就住一晚，姐妹们就能有更多时间相聚。

三姨婆许宝骐的丈夫有点儿花花公子劲头儿，喜欢拍电影，喜欢这喜欢那，却一事无成，钱可也就都花光了。所以三姨婆一生都在工作，自己靠自己，很是勤劳。晚年依靠少量的退休金，居住北京，后来还是回了美国，并在那里去世。她是我外婆兄弟姐妹中生活最艰苦的一个，在美国是个最最普通的劳动者，也因此锻炼了她独立自强的性格，虽能讲一口流利的英语，却不识字，她自称是"英文盲"，也是实情。

四姨婆许宝骙的一生也很坎坷，她嫁给一位民族资本家，居住在北京东城区南小街一个独立的小四合院里，家境很好。但

1989年，许宝骙夫妇（左一二）、许宝骐（右二）为外公祝寿

她中年丧夫（任先生因癌症早逝），晚年又不幸丧女（唯一的女儿）。她女儿任庆民在北京制药工业研究所任研究员，因一次事故中毒引发"硬皮症"，医治无效。任庆民的早逝，对我的四姨婆是个严重的打击，随着外孙和外孙女赴美国求学、发展，她的生活更显孤独，外公外婆就是她身边唯一的亲人了。好在，四姨婆跟我外婆一样，喜欢昆曲，也爱打桥牌，她是北京昆曲研习社的领导成员之一，"曲会"的各种活动，丰富了她的业余生活，也有了些寄托。

在许氏四姐妹中，外婆当是最幸运，也是最幸福的。她与外公相伴始终，夫唱妇随六十余年，且先外公离世，也就更少了一层失夫的痛苦。据说，当年许引之先生在考虑将哪个女儿嫁给我外公的时候，也是有所安排的，因我外婆是家中长女，自然是首选。更何况，他们自幼相识，早早就奠定了感情的基础。

这一群当年在杭州快乐相聚，无忧无虑的人们已经远去，这一代人的故事已经成为过去，亲密无间的兄妹情谊，努力又向上着的他们，为我们留下了一段遥远而美好的故事，飘融于浅梦。

盛年底欢容

零落只是盛年的忧虑；

到被风雨葬残时，

随流尘哟，随流水哟，随迁化的一切哟！

送你吧，勿回头啊！

送你啊，飘泊着吧！

愿你个儿去了；

愿你随他们去了；

愿尽携取你底而去，

不留下烟野似地微痕了！

茜艳和馨香，参差飞了，

逐惘怅飘融于浅梦；

可惜已迢迢远呢！

连那烟也似地微痕，

　都飘融于浅梦。

　　　　一九二二年，三,二十六[1]

1　俞平伯:《俞平伯全集》第一卷《西还》，花山文艺出版社，1997 年 11 月。

五、我的母亲俞成、二姨俞欣和舅舅俞润民

妈妈俞成

妈妈俞成（1918~2002）和二姨俞欣（1919~2016），姊妹二人相差一岁，除特殊时期外，形影不离，用我二姨的话说："姐的主意大，我从年轻到老，都是听她的，她说什么我都跟着做。"所以她们的故事就得一块儿说。

母亲俞成

九月八日（1937年）成、欣考取济南齐鲁大学。下午访佩弦未遇，晤其同韶寓者孙筱孟。

廿一日成、欣乘八时四十分车赴天津转赴济南齐鲁大学。午至银行汇票为伊等汇款。佩弦来，言明日将

南行，赴长沙。

一月十九日（1938年）微阴。得成、欣上月十一日长沙书。

三月一日得成、欣上月十七

姊妹泛舟

日广州康乐书，言将附船至海防去昆明。

三月廿七日雨。得成、欣本月十二日广州书，云四月初旬始去滇。[1]

上面的日记写于抗日战争时期的1937年，我外公这个期间的日记中，很多地方提到日本侵入北平的情景。而在上面选摘的日记中多次

父女搀扶

---

[1] 俞平伯：《俞平伯全集》第十卷《秋荔亭日记》（三），花山文艺出版社，1997年11月。

提到"成、欣"上学的事。他的日记写得很简单，但其中的周折与故事却很多。

　　那年姐妹二人一起考上了济南齐鲁大学，就告别北平，告别家人直奔了山东。

母亲和我们兄妹俩

　　自由得像鸟儿一样，那感觉是从来没有过的，不必每天早晨按时向父母、爷爷奶奶请安；不用整天被管制着不准到处乱跑；不用没完没了地背书读史……反正就是自由了，自由到一切都由她俩做主，想干嘛就干嘛。

　　她们前脚到山东，日本人后脚就要到，书也就读不成了。

　　于是自由得像鸟儿一样的我妈就说了，咱们跟家里打个招呼，去延安吧。那时去延安是好多好多青年的梦想，革命圣地嘛。我二姨就忙应和着说好，姐说了算。

　　我外公知道了这事儿，急忙写信给在西南联大任教的好友朱自清。朱自清一听这事儿就急了，"十二道金牌"追了过去，命这姐儿俩速速到云南，万不可北上！

　　住在清华园的时候，我妈和二姨与朱先生熟到不能再熟，在她们姊妹俩心里，朱先生颇有些权威，他这"十二道金牌"一追，我妈也没了主意，甭管怎么着，朱先生的话还是要听的，于是放弃了去延安的念头，奔了昆明西南联大。

到很久很久的后来，我儿子，我妈的孙子说："奶奶，你当年要是去了延安，我现在就是高干子弟了。"我妈大笑说："我去了延安就认识不了你爷爷，没你爷爷，哪儿来你爸，哪还有你，说什么梦话！"我们笑得仰翻了天。

可不是，我妈偶然没去成延安，偶然认识了我爸，也才就偶然有了我。

人来到这个世界都是偶然。

她俩要到大西南昆明可是困难重重，满世界的都是日本人，得躲着走才安全。就费了大事儿。绕道香港经广东奔广西，进越南入缅甸，贴着缅甸的边儿，慢慢移着进了云南省。这一路要吃没吃要喝没喝，能搭车就搭车，没车就靠两条腿，当年不是现如今，没有什么高速公路，泥泞崎岖，山高路远。那情那景我没经历过不敢瞎说。倒是后来听我妈说，她们走到黄果树，老远老远就听到了瀑布震天动地的响声，走过去更觉壮观，水汽雾气凝成一片，她们就兴奋着玩儿了个尽兴。还听她说西双版纳是怎样怎样的美，说傣族的姑娘可漂亮呢，还说小乘佛教的小和尚也很有趣。总之说了好多好多，好像那一路的艰辛并不在话下，反而像是在游山玩水的一路走过去。那时我还问她："是你们漂亮，还是傣族女孩儿漂亮？"她笑了："不一样，完全不一样的。"那意思该是说"我们都漂亮吧"。那时我还是懵懵懂懂的，但也就从此知道了傣族姑娘漂亮，就知道了有个小乘佛教……

所以后来我要去黄果树问她去不去，她说才不去呢！光看人头，有啥意思。果然，去了黄果树，也没体验到她说的老远就听到瀑布的轰鸣，没领略到那云雾缭绕的美景，也就呆站在那儿试着想我妈当年到此一游的情景。

辗转周折着，她们终于到了昆明，走进了西南联大，见到了朱自清。朱先生这才大大松了一口气，发电报给北平报平安。

我外公那一直悬着的心也就此放下，在昆明有老友朱自清照应，可以放心了。

可以放心了吗？让我外公闹心的事儿还在后头。

抗战时期的昆明云集着各国的新闻社通讯社，各国记者忙着从不同的角度报道着昆明大后方，报道中国抗战的各种消息。美国合众新闻社在其中，工作小组中有一个二十岁出头的小伙儿，高瘦却健壮的身材，一件土黄色的美军夹克合身挺拔，黑头发下一双大而明亮的眼睛炯炯有神，大家亲切地叫他约瑟夫。

约瑟夫，葡萄牙人。约瑟夫很重要——对我来说。

美国新闻社举办舞会，虽是战时，但在空袭不断的大后方，忙里偷闲的事儿还是有。新闻社就邀西南联大的女孩子们参加舞会，要不全是男的，舞会办不成。歪打正着，那天我妈妈去了！她去了！！

走进舞会大厅，我妈一眼就看见了那个二十岁出头，高瘦却健壮的小伙儿和他那黑发下大而明亮的眼睛。立刻想起了电影《魂断蓝桥》里的罗伯特·泰勒，在那一瞬间，那早已被她看了无数遍哭了无数回的电影，那早已被迷倒过多次的帅哥罗伯特·泰勒仿佛一下子跃到她眼前，也就乱了方寸。

"能请你跳舞吗？"一口娴熟的英文，标准的伦敦音。舞曲缓慢而温情，有些慌乱的她，只是尽量把脚尖踮得高高的，他太高了，尽管她踮足了脚尖，头也才勉强到他的肩膀，要仰着头才能看到那双眼睛。

于是……温暖便从手到臂，从臂到肩，从肩到身，从身到心。

于是……整整一晚他们黏在一块儿，讲辗转从北平到昆明的路程，讲大西洋彼岸的故事，讲那住在老君堂七十九号的大家族。

舞会结束，我妈和约瑟夫被评选为当晚的舞后舞帝。捧着一束鲜花，伴着掌声欢呼和口哨声，他们冲进了1944年，当新年开始的那一刻，她的心早已有了归属。

热恋就是这样，热恋就是冲动，热恋是不顾一切忘乎所以。

很快两人把简单的行李凑在一起，搬进了一间简陋却温馨的小屋，也就如此偶然地有了我。

此举在当年可谓大胆，让远在北平的外公外婆不知所措，"天高皇帝远"，想管也管不着，唯有写诗发发牢骚：

大女于归

女初入抱忧难堪，今拟于归西海边。

岂道神州无俊望，或与殊俗有前缘。

人言此事何须诧，愧我痴愚却损眠。

蛮语参军应不恶，只愁冰玉两茫然。

看这首诗写得多么有趣：女儿出生时狼狈的情景犹在眼前，而今天她要出嫁到西方去了。（"于归"——出嫁。《诗·周南·桃夭》："之子于归，宜其室家。"）难道中国就没有俊男吗？这或许是她与外国习俗有缘分吧。大家都说这事儿没什么可诧异的，惭愧我却为这事情失眠。说外国话、从军都应当不是坏事，只愁岳父与女婿不知所以然。（"冰玉"：岳父和女婿的代称。）

果然是"冰玉两茫然"，外公与女婿从未谋面，而奇妙的是外公反而与亲家母在1986年他赴香港讲学时见了面，那年他们都已是八十多岁的人了。这也是外公与我父亲家族的唯一接触。

"奈与梅去不远处看望他们的祖母。不久，忽见他俩陪

1986年，外公在香港会晤亲家母

一老太太来，知是亲家母，十分惊奇。长女俞成前在昆明结婚，我与亲家母没见过面，想不到时隔四十余年，在港晤面。若非她家与耀明寓所毗邻，

见面亦难，非天意而何！老亲家小我三岁，不似其年龄。步伐矫健，听力亦佳。照像留念，亲家坐不多时即告辞，

韦奈（左）、韦梅（右）与奶奶、外公在一起

留她共进晚餐，言晚饭食少，不陪了。此事实我家罕见又难得之事！"[1]

1948年，两岁的我和一岁的妹妹韦梅随妈妈从广州回到北京，从此我们与外公、妈妈生活在一起。二老的起居生活均由我妈妈协助料理，直到外公外婆去世。

妈妈一生坎坷，在我们还是很小的时候因患脊椎结核卧床不起。许多医生诊断都确定无疑地说会终身卧床，但她以顽强的毅力和乐观的精神，经一位名不见经传的日本医生治疗，终于在卧床3年后站了起来。至今我仍清晰地记得她躺在床上织毛衣的情景，还记得她身边放着一根竹杆备着打不听话的我们，这3年的卧床，耽误了她个人的发展。直到1958年"大

1 韦奈：《我的外公俞平伯》，团结出版社，2006年6月。

跃进",她响应政府号召走出家门,在中学教授语文,但好景不长,"反右"期间,莫明其妙地被划为"右派",后来才知是因为所在学校没有完成指标,把她硬划进去,甭管怎么着,俞平伯的女儿也算是沾边儿吧。学校不让她教书,发配去北京焦化厂劳动,她每天清晨拉着一个有四个破轮子的小板车去工厂运焦石。那是繁重的体力劳动,她的腰实在没法儿让她坚持下去,只好辞去公职回到家中。从此她再没有工作,只可惜了她的学识和那一口流利的英语。直到为"右派"平反,她才恢复了公职,却已经老了。

妈妈豁达的天性,一定是遗传了外公的基因;她一生乐善好施,经她救济、援助的人实在是太多;她从来不会以"大姑奶奶"居高临下,而是善待下人,广交朋友,平易近人;她与我的外公有着许多共同的嗜好:喜喝咖啡、爱读侦探小说,又因做得一手好菜,也让外公喜欢。在她的书架上,摆放最多的就是原版的侦探小说,尤其喜欢英国女作家阿加

父母与妹妹韦梅(1993)

莎·克里斯蒂（Agatha Christie）。也会把自己认为好的作品推荐给我外公看，父女就会讨论个热闹，哪儿合理哪儿不合理，津津乐道。他们父女另一共同的嗜好就是喝咖啡，你来我往也成了家中的文化。

因内战，又因后来重病在身，她从此再没能回到我父亲的身边。父亲在美国成立了另一个家庭，有几个子女，而妈妈始终一人，为教育我们兄妹、照顾父母而操劳。直到1993年夏天，在妹妹韦梅的安排下，两位老人才在深圳晤面，五十余年弹指一挥，他们短暂的见面已失去了当年在昆明热恋的激情，失去了曾有过的甜蜜，唯有无语面对。等她从深圳回来，已经没有了行前那种兴奋，我问她与父亲见面的情景，她只是淡淡地说："他好像什么都不记得了。"相信在她的心里还一定记得昆明美好的往事，记得那个高大瘦挑有一双迷人眼睛的他，那是她一生的唯一。深圳晤面，是他们一生中最后一次。妈妈于2002年辞世。2009年父亲在美国去世，已是91岁高龄。

妈妈是慈祥的，又是严厉的，在教育的问题上，她始终坚持博学博览，我也因此自幼大量接触中国古典文学、外国文学，并在外公潜移默化的影响下，奠定了较为宽厚的文学基础。自6岁起我开始学琴。为我的学习，母亲花了大本钱买了钢琴，请了私人教师，这笔开支在当年已属天价，能学琴的小孩儿更是凤毛麟角。哪儿像现在，只要是小孩儿都学琴，半途而废的多，成功成才的少，不怪他们，要学的太多，忙不过来。为学琴，我挨过她无数次打，那种严厉至今难忘，但也正是她的严厉，使我学有所成，并掌握了一门可以终身受用的本领。

她就是这样一位大家闺秀，有传奇的故事，有良好的品德和个人情操，有一颗善良的心，爱生活会生活，爱着身边的每一个人，并带给每一个人快乐。她无愧于"俞平伯长女"这个称号。

二姨俞欣

二姨俞欣九十寿辰

俞欣是我的姨母，我叫她二姨。她是一位性情温和，与世无争的女性。姊妹之间的感情深厚，特别是到了晚年，大家都住在一个大院里（北京南沙沟），她们之间的来往更是频繁，或相约去看朋友，或在家中闲谈，或陪父母出去吃饭，形影相随。晚年母亲时常会与二姨同住，更常听她们一起哼唱着"西南联大校歌"：

妈妈、二姨和外公在南沙沟寓所

> 万里长征，辞却了五朝宫阙。
>
> 暂驻足，衡山湘水，又成离别。
>
> 绝徼移栽桢干质，九州遍洒黎元血。
>
> 尽笳吹，弦诵在山城，情弥切！
>
> 千秋耻，终当雪；中兴业，须人杰。
>
> 便一成三户，壮怀难折。
>
> 多难殷忧新国运，动心忍性希前哲。
>
> 待驱除仇寇复神京，还燕碣。

想姊妹二人定是回忆着童年的快乐、西南联大那段难忘而

2016 年，我与姨母

美好的时光以及此后风雨坎坷的往事。

二姨的婚姻跟我母亲一样，具有传奇色彩。她在"中国劳动协会"结识了大她 21 岁的易礼容。大 21 岁，了不得啦，比我外公还要大上两岁哟！但我外公也并不以为然，与女婿偶有见面，仍是谈笑风生。

易礼容是毛泽东的同乡，湖南省湘乡县人。秋收起义时，中共湖南省委设"前敌委员会"和"行动委员会"，毛泽东任前敌委员会书记，前往湘赣边组织中国工农革命军第一师向长沙进击。易礼容任行动委员会书记，指导各县工农暴动，配合中国工农革命军第一师，夺取长沙。秋收起义受挫后，他转入地下斗争。1928 年脱离共产党，解放后任全国政协委员、全国政协副秘书长等职。1968 年 11 月被关进了"秦城监狱"，直到 1974 年 4 月才放出来。这一关就是 6 年，被关押期间，上面要他不停地写材料"揭发检举"，但他始终采取实事求是的态度，绝不做违心诬陷他人的事儿。他出狱后我们去看望他，听他讲在监狱里因为不能经常洗澡，发明了"干搓"，用一条干毛巾把全身搓个遍，舒筋活血，确保了他的身心健康。他与我二姨共同生活到1997年3月，享年百岁。

二姨为人平和、安静，也许是因为她从年轻时就对姐姐的话言听计从，所以很少听到她自己独特的观点或与人争执。在我的印象中，她总是笑眯眯地对待身边的每一个人。她喜看书，博学是她们姊妹共同的特点，但英文远不如姐姐那么好，这也使得她非常羡慕姐姐。受父母的影响，姊妹二人都喜欢昆曲，二姨闲时经常参加北京昆曲研习社的活动，但只清唱，据她回忆仅有一次扮妆表演。

2016年9月25日，二姨坐在沙发上看电视，就这样安祥辞世，享年98岁，这真是她修来的福气。如今，她与我的妈妈安放在一起，一生形影不离的姐妹团聚了，她们可以重温儿时情景，再唱"西南联大校歌"，一起泛舟昆明湖……

舅舅俞润民

1989年，三姐弟合影（左起俞欣、俞成、俞润民）

舅舅俞润民在天津读的大学，学习化工专业，此后在"天津商品进出口检验局"工作，是家中唯一的一个男丁。他娶了天

津陈氏家族的女儿陈正华为妻。生有一女俞华栋，一子俞李
（昌实）。

> 两次来信又栋栋信都收到了。我病见好，但不性急。
> 一切起居行动须逐步恢复正常。你们尽可以放心。以手发
> 抖，勉作数字，寄润民、正华，并示华栋、昌实。
>
> 父手书　一九七五年十一月一日 [1]

这封信是外公第一次中风后所书，信中提到了我舅舅全家，
那时他们都在天津工作、生活。

俞氏家族几代单传，到了俞昌实这一代，"只生一个好"的计
划生育政策，使得俞氏宗族烟火能否延续成了问题。在俞昌实娶
天津杨金凤为妻之后，传宗接代的问题便摆到了桌面上。在外公
写给俞昌实婚礼的两首诗中，其中一首有"可有兰苕绵世泽"句，
道出了他的担忧。直到 1983 年从天津传来了好消息，金凤产一
子！而这个好消息到达的时间恰在腊月初七，外公腊月初八生日
的前一天。于是，在他写给舅舅的信中，便有了如下的话：

> 你信恰好于初七晚到，带来喜讯，是大好消息，岂但
> 抵得上，且胜于拜寿。嗣续是我家的大问题。当我未生时，

1　俞平伯：《俞平伯全集》第十卷《家书》《1975 年 11 月 1 日致俞润民》，花山文
　艺出版社，1997 年 11 月。

曲园公盼之极切，现轮到我了。我自命达观，未能免俗，亦无以对地下先人也。故于你上次来京时，微微询之。既有佳音，嘱金凤多多保重。[1]

小孩名字重要，现决定如下：炳（省作丙亦可）然——名，秋明——字或小名。名号合一，作为小名，简呼明明。这样就妥当了。在我心上有不少空想：（一）我愿意他和你母亲生于同月，时在卅日下午，稍迟就是七月了。（二）排行既属火，我原重夏而轻秋，夏火爆，秋萧瑟。还有一句毛诗"俾尔炽而昌"，"炽"字在名上虽不见，"炳然"即炽意，又与"昌"字连。昌者昌实也，我以为绝妙。（三）秋字从火。但"秋明"无明察秋毫意，只是明亮。（明察秋毫，我亦不喜）。用作小名则妥。[2]

一九八三、八、八癸亥六月晦立秋

曾孙丙然生于津门为赋二诗

闻得佳儿可像贤，吾家五世尽单传。
不虚仙李孙枝秀，六月秋生唤丙然。

---

1 俞平伯：《俞平伯全集》第十卷《家书》《1983 年 1 月 22 日致俞润民信》，花山文艺出版社，1997 年 11 月。
2 俞平伯：《俞平伯全集》第十卷《家书》1983 年 8 月 13 日致俞润民信。

四世同堂

（二）

东涂西抹总休论，弓冶箕裘讵复存。

八十年中春未老，已延祖德到云昆。

曾孙丙然双满月诗

光绪庚子余生甫两月，曾祖曲园公抱之剃头，有诗记事，手稿今存，丙然之生亦两月阅月，为赋律诗句，即遵春在堂诗原韵，腻发肌肤将无似我，而人经四代八十余年矣。岁在癸亥中秋后二日附注并记。

过夏晨秋产此儿，而今芳在桂蓉枝。

含英玉蕊生庭日，解笑鸠雏入抱时。

未许研红供描墨，还将衰白惜凝脂。

新来世纪知何似，三益还堪作尔师。

　　字里行间不难看出老人喜得曾孙的喜悦和兴奋。五世单传，也真是奇迹了，必是天意。上苍保佑着这位善良的老人释去了"可有兰苕绵世泽"的担忧，终于可以向列祖列宗有了交代："已延祖德到云昆"。而唯一令人遗憾的是，外婆先此去世，未能与他共享这份快乐。

外公九十寿辰与曾孙丙然合影

六、《红楼梦》研究路上的关键人物

在外公一生从事《红楼梦》研究的历程中，有两个关键人物不可不提。他们是他的同窗傅斯年和好友顾颉刚。

傅斯年

傅斯年（1896~1950），字孟真。1916 年与我外公同在北京大学读书。1920 年同行赴英国留学。

傅斯年

二十一日起甚早，治行箧。失去纽子一个，后找到。十一时，见英国海岸。十二时半抵英之 Liverpool，自一月四日开船，历四十九日始到。上海到利物浦约三万五千华里。查检护照及卡片，四时始登岸。检查行李，茶叶四瓶纳税二先令。乘马车到西北旅馆。黄昏时散步街头，寄国内信片。[1]

49天，坐那个冒黑烟的老破船在海上漂荡着摇晃着，那是什么滋味现在的人没法儿想象。漫长的行程，枯燥乏味的每一天，读"闲书"成了唯一的消遣。从我外公的日记中可以看到，在船上他除了读《红楼梦》之外，还看《西游记》《儒林外史》《水浒传》等。除了看书，就是跟傅斯年聊天。在傅斯年写给蔡元培的信中说："所以每天总不过和平伯闲谈，看看不费力气的书就是了。"[2]

> 十四日未上岸。写信后和孟真谈。
> 十八日海平极，作罗纹。阅前书。夜和孟真在船头上谈。
> 二月二日天阴，未看书。下午四时到 Purim，因小船少，未得上岸。七时开。夜，和孟真在甲板上谈。276英里。[3]

在船上与傅斯年的谈话，范围一定很广，但谈《红楼梦》

1 俞平伯：《俞平伯全集》第十卷《国外日记甲集》，花山文艺出版社，1997年11月。
2 《北大月刊》1920年2月18日。
3 同1。

更多。当然，那时《红楼梦》还没有引起我外公的真正兴趣，聊《红楼梦》大概更多的是为了打发那太闲太闷的时光。"孟真，每以文学眼光来批评他，时有妙论，我遂能深一层了解这书底意义、价值。但虽然如此，却还没有系统的研究底兴味。"[1] 此后在他的《一九八零年五月二十六日上国际〈红楼梦〉研讨会书》中他曾提到："《红楼梦》可从历史、政治、社会各角度来看，但它本身属文艺范畴，毕竟是小说。今后似应从文、哲两方面加以探讨。"这观点应是受到早期傅斯年先生"每以文学眼光来批评他"的影响。

历时 49 天漫长的航程终于晃荡到了头儿，但谁也没想到，他在英国只呆了 13 天，就急着忙着乘船往回走了。为什么呢？此事曾引起太多人的关注和议论，却没有一个能说得清楚到底是怎么一回事儿的。流传最多的是说他离不开妻子，其实是与英镑涨价，没有足够的钱去支撑此后的学业有直接关系。这有我外婆的话为证，一次与她闲聊说到这事儿，她笑着说："哪里会是因为我，没有足够的钱罢了。"

漂了 49 天，呆了 13 天，这让他自己也觉得这趟走的毫无意义，1920 年 3 月 9 日在回程的"佐渡丸号"上，他作新诗《去来辞》，其中写道："匆匆地去？要去，何似不来；来了，怎如休去！去去来来，空负了从前的意。"显然，匆匆地离开英国出于

---

1 俞平伯：《红楼梦辨·引论》，商务印书馆，2010 年 12 月。

无奈，也很感内疚。

他的突然离开，令傅斯年大为吃惊，他放下手上所有的事，着急忙慌地从英国赶到法国马赛港，想劝说我外公不要走，但此时，外公的去意已定，到了没商量的份儿。二人也只有挥泪告别。此景，在外公的日记中有如下记述：

> 一九二零年三月十四日夜来又苦颠簸。晨七时抵法之马赛。孟真从英赶来，劝我返伦敦，意极厚，而我未能从之，怅怅而别。是日心绪更恶。马赛上船客甚多，舱为之满，多西班牙人。[1]

在他《冬夜》中，有题为"屡梦孟真作此寄之"诗五首，其中第四首描写了当时的情景及心情：

> 今年三月十四那一天，
>
> 濛濛海气蒸着，
>
> 也是一个早晨，
>
> 从伦敦来的佐渡丸，
>
> 正靠马赛底一个码头。

---

1 俞平伯：《俞平伯全集》第十卷《国外日记甲集》，花山文艺出版社，1997年11月。

有两个人站在船尾的甲板上，

絮絮的说着，带哭声的说着。

"平伯，你这样——

不但对不起你底朋友，

还对不起你自己！"

我虽不完全点着头，

但这话好像铁砧底声浪，

打在耳里叮叮的作响，

我永远不忘记。

现在呢，

说固不消，谢尤不必，

回想更没有意义。

只在干枯凝结的这世界上，

有真心底热泪洒着，渍着，

有真心底责备，

真心底宽恕相互了解着，

我在这里，以为，

这确已经很够了！[1]

1　俞平伯:《俞平伯全集》第一卷《冬夜》,花山文艺出版社，1997 年 11 月。

1920 年 4 月 19 日外公回到上海：

> "上午入江口，十时许泊吴淞，候潮。一时方行，三时抵上海……夜一时睡。262 英里。（自港至沪 830 英里）"。
>
> "二十日下午二时五十分开车赴杭。七时半到严衢弄许宅，家人均惊喜（时二亲亦适在杭州）。"[1]

行程 6 万余里，历时三个半月，他却只在英国停留了 13 天，可谓传奇，估计也就是他能干出这样的事。在他 65 岁时为《国外日记》补作"后记"时写道："时余方弱冠，初作欧游，往返程余六万许里，阅时则三月有半，而小住英伦只十二三日，在当时留学界中传为笑谈。岂所谓'十九年矣尚有童心'者欤，抑亦所谓'乘兴而来，兴尽而返'者耶。老傅追舟马赛，垂涕而道之，执手临岐如在目前，而瞬将半个世纪，故人亦久为黄土矣。夫小己得失固不足言，况乎陈迹。回眸徒增寂寞，其为得失尚可复道哉。"

这无功而返的英国之旅，是得是失，真的是很难说个明白，倘若当年被傅斯年留住，他的一生必当改写，但我相信，无论在哪儿，他就是他，是不会变的。

---

1 俞平伯《俞平伯全集》第十卷《国外日记甲集》，花山文艺出版社，1997 年 11 月。

　　此后傅斯年先后在英国爱丁堡大学、伦敦大学、柏林大学学习，1926 年应中山大学聘请回国任教，1949 年出任台湾大学校长，1950 年早逝，享年 54 岁。

　　90 年过去了，往事历历，像是一张褪色的照片摆在我们眼前。当年这两个 20 多岁的青年在长途漂荡旅程中的谈话，影响了外公的一生，也留下了一段友谊的佳话。

顾颉刚

顾颉刚

　　顾颉刚（1893~1980），字铭坚。现代古史辨学派的创始人，中国历史地理学和民俗学的开创者。是外公在北京大学的学长，也是他在研究《红楼梦》路上的一个重要人物，甚至可以说外公在《红楼梦》研究上的成就，与顾颉刚有着密不可分的关系。

　　外公与顾颉刚开始讨论《红楼梦》当是在 1921 年。

　　1981 年他与顾颉刚关于《红楼梦》的通信在《红楼梦学刊》发表，为此他写了这样几句话："此 1921 年我与顾颉刚兄讨论《石头记》之往还书札。今经整理缮写，将付《红楼梦学刊发表》。匆匆六十年，故人徂谢，追念昔游，感慨系之。"

1922年2月，外公开始着手《红楼梦辨》写作，同年7月完稿，共三卷十七篇，用了不到半年的时间。随后写了《红楼梦辨引论》。这个时候，因他要去美国做教育考察，就把手稿交给顾颉刚，请他找人代为抄写。到1923年4月《红楼梦辨》由上海亚东图书馆出版，顾颉刚作序，也就用了一年的时间。如此快的写作和出版速度，与他和顾颉刚不断的书信往来有着直接的关系，可以这么说：他们的书信内容便是《红楼梦辨》的基础。在《红楼梦辨引论》中他写道：

> 1921年我返北京。其时胡适之先生正发布他底《红楼梦考证》，我友顾颉刚先生亦努力于《红楼梦》研究；于是研究底意兴方才感染到我。我在那年四月间给颉刚一信，开始做讨论文字。从四月到七月这个夏季，我们俩底来往信札不断，是兴会最好的时候。颉刚启发我的地方极多，这是不用说的了。这书有一半材料，大半是从那些信稿中采来的。换句话说，这不是我一个人做的，是我和颉刚两人合做的……我对于颉刚，似乎不得仅仅说声感谢。因为说了感谢，心中的情感就被文字限制住了，使我感到一种彷徨的不安。颉刚兄！你许我不说什么吗？我蠢极了，说不出什么来！[1]

---

[1] 俞平伯：《红楼梦研究》，棠棣出版社，1952年9月。

从这段话中，不难看出他与顾颉刚有着怎样的交情，在学术上有着怎样的志趣与共识，"是我和颉刚两人合做的"，这绝不是客套话了。

以下捡拾几篇他与顾颉刚的通信，可从中了解当年他们对《红楼梦》讨论的一些情景。

颉刚兄：

礼拜一上午我到您这儿去，看见介泉，晓得兄已早半天走了。随后就接到您天津来信。

查书底结果如何？颇能满意否？我日来翻阅《红楼梦》，愈看愈觉得后四十回不但本文是续补，即回目亦断非固有。前所谈论，是一证。又如末了所谓"香沐天恩"等等，决非作者原意所在。况且雪芹书既未全，决无文字未具而四十回之目已条分缕析，此等情形，吾辈作文时自知之。您以为如何？

我想《红楼》作者所要说者，无非始于荣华，终于憔悴，感慨身世，追缅古欢，绮梦既阑，穷愁毕世。宝玉如是，雪芹亦如是。出家一节，中举一节，咸非本旨矣。盲想如是，岂有当乎？

平伯　一九二一，四，二十七

颉刚兄：

接到你苏州来信，快活得很！我这两天因为怕本年有留学考试，故须预备一点儿功课；以此俗事，不能细读《红楼梦》一遍，可恨之至！

你叫我详述我底悬揣，我姑且选一个题目瞎说一起。四十回目录是原有的，是后补的？我也妄断确系高君所补。我有几个证据……

这封信请你为我留起来，因为我这段意思我没有另外稿子。

弟平伯　五四夜

平伯吾兄：

昨日接到来信，细读一过，佩服得五体投地。经兄这样一考，高鹗的补撰回目是确定了。我的意见，等下星期到京后面奉。适之先生和我来往的信，也当奉上。

我对你这封信上稍微有些意见：惜春出家也是末四十回的事，《十二钗曲》"看破的遁入空门"一语，似不能确定指她。或者曹雪芹当时确有待全书煞尾时把一二人"遁入空门"之意，可惜他不及做完了。

……

以上都是我的臆想，没有事实的证明，终只好做悬案。不晓得以后能够发现曹雪芹的事实不能？我本《红楼梦》

极不熟，现在拟细看一过，不知能成事否。

……

弟颉刚 一九二一年，五，十

颉刚兄：

我听见你就要来京，欢喜得很！但现在教潮变卦，你也来么？

你来信所说几段议论都极妙。你并指出我前信底疏忽，尤为感之。我想虽不定指惜春，但续《红楼梦》者在这一点上并没有雪芹底原意。

……

我可惜分心预备留学考试，不能细读全书为恨。兄有所得，即现时不来，亦请见告。我想将来材料多时，大可合撰一长文也。匆匆不多写。

弟平伯 一九二一，五，十三夜[1]

细读二人的书信不难看出，他们所讨论的，正是《红楼梦辨》的底稿，也是外公对《红楼梦后四十回》考证的开始。顾颉刚于《红楼梦辨》的贡献由此可见一斑。而在顾颉刚为《红楼梦

---

1 俞平伯：《俞平伯全集》第五卷《与顾颉刚讨论"红楼梦"的通信》，花山文艺出版社，1997年11月。

辨》所作的序中，他更诚恳地说出了他们在学术研究上的态度：

> 平伯这部书，大部分是根据于前年四月至八月的我们
> 通信。若是那时我们只有口谈，不写长信，虽亦可以快意
> 一时，究不容易整理出一个完备的系统来。平伯的了解高
> 鹗续书的地位，差不多都出于我们的驳辩；若是我们只管
> 互相附和，不立自己的主张，也不会逼得对方层层逼进。
> 我们没有意气之私，为了学问，有一点疑惑的地方就毫不
> 放过，非辩出一个大家信服的道理来总不放手，这是何等
> 地快乐！辩论的结果，胜的人固是可喜，就是败的人也可
> 以明白自己的误解，更得一个真确的智识，也何等地安慰
> 啊！所以我希望大家做学问，也像我们一般的信札往来，
> 尽管讨论下去。越是辩得凶，越有可信的道理出来。我们
> 的工作只有四个月，成绩自然不多；但四个月已经有了这
> 些成绩，若能继续研究四年乃至四十年，试问可以有多
> 少？这一点微意，希望读者采纳。我们自己晓得走的路很
> 短，倘有人结了伴侣，就我们走到的地方再走过去，可以
> 发现的新境界必然很多。发现了新境界，必然要推倒许多
> 旧假定，我们时常可以听到诤言，自然是十分快幸；然而
> 岂但是我们的快幸呢！[1]

---

1 俞平伯：《俞平伯全集》第五卷，顾颉刚，《红楼梦辨序》，花山文艺出版社，
1997 年 11 月。

1954 年，顾颉刚全家从上海搬到北京，住在北京东城区干面胡同，距我家很近，老朋友往来也更为方便。只是顾颉刚此后没有从事《红楼梦》的研究工作，他们之间更多的是友谊的交往。每年当叶圣陶先生家海棠花盛开的时候，他们便聚会在叶圣陶先生家中赏花叙旧，席间还有王伯祥、章元善，他们戏称为"五老海棠花会"。

1978 年以后，外公和顾颉刚都搬到了位于西城区的南沙沟，成了邻居，但因那时的顾颉刚已多病在身，两人见面的机会很少。1980 年顾颉刚先生因脑溢血逝世，终年 87 岁。

外公悲痛不已，却直到 1981 年才写下了五首七绝《追怀顾颉刚先生》，并附有跋语，60 年的交情跃然纸上。

思往日

——追怀顾颉刚先生

一

昔年共论《红楼梦》，南北鳞鸿互唱酬。

今日还教成故事，零星残墨荷甄留。

1921 年与兄商谈《石头记》，后编入《红楼梦辨》中，乃吾二人之共同成绩。当时函札往还颇多，于今一字俱无，兄处独存其稿，闻《红楼梦学刊》将甄录之，亦鸿雪缘也。

二

少同里闬未相识，信宿君家壬戌年。

正是江南樱笋好，明朝同泛石湖船。

1922年初夏，予将游美国，自杭往功苏，访兄于悬桥巷寓，承留止宿，泛舟行春桥外。自十六岁离苏州，其后重来，匆匆逆旅。吴趋坊曲，挈伴同游，六十年中亦惟有此耳。

三

悲守穷庐业已荒，悴梨新柿各经霜。

灯前有客跫然到，慰我萧廖情意长。

1954年甲午秋夕，承见访于北京齐化门故居。呴沫情殷，论文往迹不复道矣。

四

朋簪三五尽吴音，合向耆英会上寻。

秘笈果然人快睹，征文考献遂初心。

六十年代初，兄每约吴门旧雨作真率之会。余浙籍也而生长苏州，亦得预焉。会时偶出珍翰异书相示。君夙藏《桐桥倚棹录》盖孤本也，予为题绝句十八章。其十七云："梓乡文献费搜寻，夙稔君家雅意深。盼得流传人快读，岂惟声价重鸡林。"其后此书于1980年重印。

五

　　毅心魄力迥无俦，长记闲谈一句留。

　　叹息比邻成隔世，而君著述已千秋。

　　兄尝以吴语语我夫妇云："吾弗是会做，吾是肯做。"生平坚毅宏远之怀，略见于斯。晚岁多病，常住医院。寓在三里河，与舍下毗邻。余去秋造访，于榻前把晤，面呈近刊词稿乞正，君呼小女读之，光景宛在目前，何期与故人遽尔长别哉！

　　海上漂泊的长谈，傅斯年"马赛追俞"的真挚，与顾颉刚百余封信对《红楼梦》的探讨……友谊原来是这样的啊！

七、红楼一梦　无怨无悔

傅斯年、顾颉刚两位在各自的学术领域取得了世人瞩目的成就，却都没有成为"红学"家，唯独外公在"红学"领域占据他应有的一席之地。不过，外公并不喜欢冠在他头上这"红学家"的称谓，只说："我仅是读过《红楼梦》而已，且当年提及'红学'，只是一种笑谈，哪想后来竟认真起来。"

关于他的《红楼梦辨》还有一个小插曲，这是从六舅公许宝骙先生在《团结报》撰文回忆得知：

历时三个月，他写完了《红楼梦辨》，兴冲冲地抱着一捆红格纸上誊写清楚的原稿，出门去看朋友（也可能就是到出版商家去交稿）。傍晚回家时，只见神情发愣，仿若有所失。哪知竟真的是有所失——稿子丢了！原来是雇乘黄包车，把纸卷放在座上忘了拿，等到想起去追，车已远去，无处可寻了。俞平伯夫妇木然相对，心里别提有多别扭了。偏偏事有凑巧，过了几天，顾颉刚先生（或是朱自清）来信，说他一日在马路上看见一个收旧货的鼓儿担上赫然放着一堆文稿，不免走近去瞧，竟然就是"大作"。他惊诧之下，便花了点小钱收买回来。于是"完璧归赵"。

外公看后，回信说：

> 所述《红辨》失稿往迹，不胜感慨。且已全然忘却。若他人提出，我必一口否定。文字甚佳，如褪色照片重加渲染，不亦快哉！稿子失而复得，有似塞翁故事，信乎"一饮一啄莫非前定"也。垂老话旧，情味弥永；而前尘如梦，迹之愈觉迷糊，又不禁为之黯然矣！

回忆起这事儿，外公很是感慨，他说："若此稿找不到，我是绝没有勇气重写的，也许会就此将对《红楼梦》的研究搁置。"在给我六舅公的回信中他说："有似塞翁故事。"这明摆着是话里有话，或是想说若真丢了反倒好，不必再有后来的麻烦。这当然是我的推测，但想想他为《红楼梦》吃的苦头还少吗！万物得失，往往出自偶然，而偶然的得失又往往牵涉着人的命运。正是这"偶然"，决定了他的一生，至于是祸是福，谁又能说清呢？

1954 年对《红楼梦研究》的批判，"文化大革命"对我外公的冲击是致命的，等这一切都过去了，他已垂垂老矣。回忆往事，他曾对我说：

老实讲，我还有很多想法，例如我一直想搞的《红楼梦一百问》，还有过去所谈的也有许多不妥之处，应予纠正。但手头没有资料了，还搞什么。

"文化大革命"中，我受了更大的打击。除以前批判的内容外，还着重批判了我的《关于十二钗的描写》，说我有意和毛主席唱对台戏。那时的大字报从文学所的大院直贴到东单。很多人不了解，甚至以为《红楼梦》是一本坏书，而这本书是我作的。

他带着遗憾，遗憾的岂止是他！

外公晚年公开谈论《红楼梦》只有两次。

一次是在 1986 年 1 月 20 日，中国社会科学院文学研究所为他从事学术活动 65 周年举行的庆祝会上。他整理了《一九八零年五月二十六日上国际〈红楼梦〉研讨会书》和旧作《评〈好了歌〉》作为大会发言。在《一九八零年五月二十六日上国际〈红楼梦〉研讨会书》一文中，他提出对《红楼梦》研究工作的三点意见：

（一）《红楼梦》可以从历史、政治、社会各个角度来看，但它本身属文艺范畴，毕竟是小说。论它的思想性，又有关哲学。这应是主要的，而过去似乎说得较少。王国维《红楼梦评论》有创造性，但也有唯心的偏向，又有时间上的局限。至若评价文学方面的巨著，似迄今未见。《红楼梦》行世以来，说者纷纷，称为"红学"，而其核心仍缺乏明辨，亦未得到正确的评价。今后似应从文、哲两方面加以探讨，未知然否。（二）今之"红学"五花八门，算亟盛矣，自可增进读者对本书之理解，却亦有相妨之处，以其过多，每不易辨别是非。应当怎样读《红楼梦》呢？只读白文，未免孤陋寡闻；博览群书，又恐迷失路途。摈而勿读与钻牛角尖，殆两失之。为今之计，似宜编一"入门""概论"之类，俾众易明，不更旁求冥索，于爱读是书者或不无小补。众说多纷，原书具在。取同、存异、缺疑三者自皆不可废。但取同，未必尽同；存异，不免吵嘴；"多闻阙疑"虽好，如每每要道歉，人亦不惬也。而况邦国殊情，左右异轨，人持己说，说有多方，实行编撰，事本大难，聊陈管见，备他年之采取尔。（三）另一点，数十年来对《红楼梦》与曹雪芹有褒无贬，且估价越来越高，像这一边倒的赞美，并无助于正确理解。我早年的《红楼梦辨》对这书的评价并不太高，甚至偏低了，原是错误的，却亦很少引起人的注意。不久我也放弃前说，走到拥曹迷红的队伍里去了，应当说是有些可惜的。既以无一不佳了，就或把缺点看成优点；明明是漏洞，却说中有微言。我自己每犯这样的毛病，比猜笨谜的，怕高不了多少。后四十回，本出于另一人手，前八十回亦有残破缺处，此人所共知者。本书虽是杰作，终未完篇；若推崇过高，则离大众愈远，曲为比附则真赏愈迷，良为无益。这或由于过分热情之故。如能把距离放远些，或从另一角度来看，则可避免许多烟雾，而《红楼梦》真相亦可稍稍澄清了。[1]

在《评〈好了歌〉》一文中，他明确指出：

《〈好了歌〉解注》与《红楼梦》不相当，不是由于偶然的。一、广狭不同。《红楼梦》既是小说，它所反映的面是有限的，总不外乎一姓或几家的人物故事。《好了歌》则不同，它的范围很广，上下古今、东南西北，无所不可。《红楼梦》故事自然包孕其中，它不过是太仓中的一粟而已。妙在以虚神笼罩全书，如一一指实了，就反而呆了。二、重点不同。《红楼梦》讲的是贾氏由盛而衰，末世的回光返照，衰而不复盛。然而《解注》的意思却不是那样，它的重点正在衰而复盛上，却并不与《红楼梦》本书相抵触，因得旺气者另一家也。

1 俞平伯：《俞平伯全集》第六卷《一九八零年五月二十六日上国际〈红楼梦〉研讨会书》，花山文艺出版社，1997 年 11 月。

这两篇论著，很有新意，可以明显地看出，在他的晚年，研究方法已从"局部"迈向宏观。直言不讳的自我批评，使他的论点更具说服力，这也是他一生做学问的根本态度，令人钦佩。只可惜，他的议论没能引起"红学"界的足够重视。现在人人都是"红学家"，有几个会听听他的说法他的意见！

他第二次演说《红楼梦》是 1986 年 11 月 19 日至 25 日在香港。大力促成这事儿的，是香港著名作家潘耀明（彦火）先生。他与外公的交往始于 20 世纪 70 年代。外公喜他的为人，也喜他的才气，常夸奖他是一个很有作为的青年。在潘耀明迁居太古城时，外公曾书"既醉情拈杯酒绿，迟归喜遇碗灯红"联赠他。

外公的修改稿手迹

1986 年 3 月在他们的一次闲谈中，外公回忆起 20 年代经香港去美国的事，言谈中流露出对香港的怀念。潘耀明就产生了让老人重游香港的念头，回到香港忙着筹划，香港中华文化促进中心和香港三联书店发出了邀请。

为这访问，外公是做足了功课，先是找出几篇没发表过的旧稿，反复推敲该选用哪一篇更合适，往往是刚跟我商量完，不一会儿又推翻，说要重新考虑。就这么着来回折腾了好几次，方案总算确定了：修改1987年所作《索隐派与自传说闲评》，并附《评〈好了歌〉》。《闲评》细数了"索隐派"与"自传说"在研究方法上的优劣与得失。大家都知道，他曾是"自传说"的拥护者，但在这篇文章中，他对"自传说"并不偏袒，反而进行了自我反省与批评："到五十年代《辑评》一书出版了，原只是为工作需要，却也附带起了对自传说推波助澜的作用，对此我感到很惭愧。"如同他的《评〈好了歌〉》，不带任何成见地客观议论，把自己置身于"红学"圈外。且看他在《闲评》一文中一段极其重要的论述：

> 　　索隐、自传派走的是完全不同的路，但他们都把《红楼梦》当作历史资料这一点是完全相同。只是蔡元培把它当政治的野史，而胡适把它看成是一姓一家的家传。尽管两派各立门庭，但出发点是一个，而且还都有着一个共同的误会。

> 　　《红楼梦》是小说，这一点大家好像都不怀疑，而事实却非如此。两派总想把它当作一种史料来研究，像考古家那样，敲敲打打，似乎非如此便不能过瘾，就会贬低了《红楼梦》的身价。其实这种做法，都出自一个误会，那就是钻牛角尖。结果非但不能有更深一步的研究，反而把自己也给弄糊涂了。

> 　　当然，我们不能否认《红楼梦》有着极为复杂的背景

和多元的性质，从不同的角度看，而会有差别。但是无论如何它毕竟是一部小说，这一点并不会因为观看角度不同而变化、动摇。小说是什么？小说是虚构。虚构并不排斥实在，但那些所谓"亲睹亲闻"的素材，早已被统一在作者的意图之下而加以融化。以虚为主，实为从，所有一切实的，都融入虚的意境之中。对这"化实为虚"的分寸，在研究过程中必须牢牢把握。如果颠倒虚实，喧宾夺主，把灵活的化为呆板，使微婉的变做质实，岂不糟糕？有很多事，是只可意会不可言传的，掌握了"意会"，对各种说法能看到它们的会通之处。否则，只要一动便有障碍，任何一个问题都可以引起无休止的争论。这边虽打得热闹，而那边的《红楼梦》还是《红楼梦》！

如果对存在的问题提出正问，那么问题实际上已解决了一半。问《红楼梦》的来历如何、得失如何，都是正问。问宝玉是谁、大观园在哪儿，就不是正问了。为什么这么说呢？问宝玉是谁，他是小说中的主角啊！问大观园在哪儿，它是小说中一个很漂亮的花园，不一定非要有这么个地方吧！即使是作者在构思时，多少有些凭据，那也是如烟如雾的往事，就是起作者于九泉，怕也难以一一核实。再者说，如果全都是照实写来，不差分毫，那还能叫小说吗？那样的小说还有甚么可看呢？

这段论述，精辟精彩，客观公正，是他在"钻牛角尖"之后冷静的反思，他钻出了"牛角尖"，可惜继续钻"牛角尖"还大有人在。这是他对"红学"研究领域存在问题的中肯批评，当然也包括他自己。从不固执己见，勇于修正错误，是他一贯的治学态度。他一向认为，学术研究与其他事物一样，是在不断变化的，也正是因为有了这些变化，才推动了研究工作的发展。他人虽老了，然而对某些问题的认识，并不陈旧。"否则，只要一动便有障碍，任何一个问题都可以引起无休止的争论。这边虽打得热闹，而那边的"红楼梦"还是《红楼梦》！""但是无论如何它毕竟是一部小说，这一点并不会因为观看角度不同而变化、动摇。"这是何等精彩的论述！

用了一个月的时间，讲演稿终于整理誊清。他又想到要写两幅字，送给主办单位：1."以文会友，促进交流"，赠香港文化交流中心；2."读者之良友"，赠香港三联书店。想好了，却没急着动笔，而是用好多天伏案练字，然后一挥而就。接下去，他每天写一张字，或诗词，或旧作，说是带着可以送给向他索字的朋友，想得真够周到。准备工作充足而细致，认真到了极点。自从外婆去世以后，长时间的沉闷生活，在这一刻被打破。

与此同时，我妈妈为他出访的"行头"绞尽脑汁。翻箱倒柜，也找不出一件像样的衣服，只找到一件半新不旧的布料中山装勉强可以对付，又为他缝制了两条穿起来方便，又能登大雅之堂的蓝布裤，买了一件毛背心和一双新布鞋。我们跟他开玩笑说："您这身衣服，不像是去香港，倒像是下乡。"他可是知足极了说："这就很好！"对一向不讲究穿戴的他来说，这已经是破例的"豪华"了。为解决他步履不便的大问题，特地借用了外婆三妹的轮椅。这个可折叠的轮椅，在他七天的访问中，成为重要的代步工具。

1986 年 11 月 19 日，86 岁高龄的外公在我的陪同下，一袭布衣动身赴香港，开始了我们祖孙两代有生第一次，也是最后一次的长途之旅。由于耳聋，他听不到飞机起飞的轰鸣，直到升至 8000 米高空，还以为是在平地，问我："在飞了吗？"所以在他的访港日记中有"平稳无异常感觉，似不动亦不向前行"这么两句话。他跟我说这是他一生中第二次坐飞机，50 年前曾从北京飞到天津。那"老"飞机怎能跟波音相比，定是另一番滋味了。从出发加上飞机晚点和到达香港后的应酬，这一天，近 11 个小时他没休息。等到客人都走了，他要我扶他到窗前，那天正赶上跑马场有赛事，灯光照得跟白天没两样，这就给他留下了"香港很亮"的印象。"北京久居，很少活动，此行更换环境，耳目全新，想对身体有益。"这是他当天的感受。临睡前，他要我从床边到洗手间间隔着摆上两把椅子，说这样他自己就可以摸索着过去，不用叫醒我。听他这么说，我那眼泪就在眼眶里打转儿，您也太体贴了！

七天的访问，成为香港重要新闻，成为各报重点，形容是"俞平伯旋风"。这旋风在香港一时掀起"红楼梦热"，就连他要在香港配一副眼镜的事，也不放过报道。在眼镜店里，还就真的被一位女士认了出来："是俞老吧，在报上见过您呢。"

旧地重游，他记忆中的香港早不见了。60多年的翻天覆地的变化，让他感慨万分。潘耀明先生陪他游太平山，他靠着栏杆看缆车缓缓爬上山，就想起66年前他乘缆车上山的情景，往事历历，恍如隔世。坐在"半山"顶楼喝咖啡时，他随手为潘耀明写了两句杜甫的诗："春水船如天上坐，老年花似雾中看"，说出了他的感受。

在香港的七天，他出席记者招待会，正式演说《红楼梦》，会晤新华社驻香港分社社长，与香港、台湾两地的学者晤面，与在香港的家人、朋友相聚，虽繁忙，却精神焕发，应对自如，充分显示了他的大家风度。尽管各报刊报道、透视角度不同，但都表露出对这位"出土人物"的尊敬。细阅当时的剪报，便可发现香港各界人士对他访港所表现出的热情，绝不是一时凑热闹。他们之中有很多人了解他坎坷的一生与学术成就，为他的治学态度和正直的为人所折服：

> 治学者可以平实，可以哗众，俞平伯人如其字，平实而已。[1]

1《明报》11 月 30 日王亭之文。

我对"红学"全无研究，对他的倾慕，不因他是研究《红楼梦》的权威，而是他治学、处世的雍容大度。[1]

笔者除对他敬重，还对俞老伯多添一份亲切感；会场门外，各人也被俞的魄力，及研究学问的精神和热心而感动。[2]

在离开香港的前晚，外公交代说："这几天是要写日记的，由你代笔，写好给我看。"有这份信任，哪儿还敢怠慢，回到北京，忙把日记写好拿给他看，他逐句逐字修改，完成了这份祖孙合作的《游香港七日琐记》。

1986 年，我和外公抵步香港机场，妹妹韦梅、妹夫罗先平迎接

游香港七日琐记

遵外公嘱，访港期间的日记由我代笔。为记录方便，全篇以老人为第一人称。此文经他细阅，为题篇名，对我的期望籍此可见。书后并记。

——韦奈

1 《晶报》11 月 24 日薛后文。
2 《申报》11 月 25 日李颖思文。

一九八六年十一月十九日　星期三　阴

　　晨五时许起床，奈即来相助穿衣。早点吃陈曙辉昨日送来的蛋糕，喝咖啡。全家均早起。六时三十分，乘文学所车往机场。长女成及陆永品、郑重先生送行。自三里河寓所至机场，仅四十分钟。清晨车少，时速颇快。从三妹处借的轮椅推入机场大厅，方知航班延迟至十二时五十分。返回颇麻烦，久坐亦不是办法。正在左右为难，韦奈主张去机场附近宾馆休息。租得房间半日，有床可躺，并可饮茶，此法甚佳。在宾馆内看《文汇报》记者郑重先生所写《京华无梦说〈红楼〉》。卧床小憩约两小时。尚未抵港，已换环境。尚未动身，已有插曲。十一时许在房内吃买来的快餐，面包硬且凉，充饥而已。十一时三十分再抵机场，海关处他人不可入，只有奈相随左右。

　　过海关手续简便，且有中国民航管理局郑欣陪送，直到我们入机方才离去。机组人员亦很热情，邀至头等舱入座。飞机午后一时五分起飞，平稳无异常感觉，似不动亦不向前行。与五十年前乘机大不相同。起飞不久，便送快餐及饮料，且有甜食。饭后小憩。三时五十分抵香港，飞行二小时又四十分。科学发达，似将世界缩小了。

　　下飞机须步行数级舷梯，有人扶送，不觉困难。入境手续办约十分钟。出机场，有中华文化促进中心总经理杨裕平先生，高级行政主任赵小霞小姐，三联书店副总经理杜文灿夫妇、副总编辑潘耀明先生，老友潘际炯先生及罗先平、韦梅夫妇，十数人来接。坐轮椅上与之握手，遂搭"小巴"至下榻处"亚洲酒店"。

住 1501 房间。二床、小书桌靠窗，另有沙发、衣柜。房间不大，却小巧玲珑，摸扶桌椅可自由行动，甚合我意。衣柜上放有三联书店赠送鲜花篮，皎洁可爱。奈与赵小姐、耀明安排日程，并接受记者采访。我与大家略谈。六时许，诸君相将告辞，由三联书店张志和先生延至一楼晚餐。

有虾、鸡、乳猪等。清淡味美，服务周到，与内地不同。水果有奇异果、木瓜，五色鲜艳悦目，北方未见。

饭后，奈与韦梅、先平外出散步，我即睡下。旅程十余小时，不觉疲倦。

北京久居，很少活动，此行更换环境，耳目全新，想对身体有益处。"亚洲酒店"地处跑马地，与之毗邻，恰逢有马赛，临窗远眺，灯光照如白昼。

十一月二十日　星期四　晴

六时许醒，睡眠甚好，不异家居在京时。昨日阴，今晨放晴。七时半至一层餐厅饮茶，点心三种皆美味。九时有三联书店《读者良友》月刊主编李文健先生来访。李先生很年轻，举止谈吐大方。回答问题一、二，即由韦奈相陪，我则卧床休息。两个青年人谈话投机。十时先平来，带报纸多份，看有关消息。来港一事报道详尽，文字活泼、流畅。在港要配眼镜一事成大新闻，说是要"好好看看香港"，有趣。韦梅十一时自上工处赶来，据讲，她在工厂担任重要工作，颇有成绩，可慰可慰。

乘先平友人郑大川先生家车出游，俾得畅览市容。车如流水，楼房林立，只是走马观花耳。至中环"茂昌眼镜公司"验光、配镜。有顾客认出我。据云已在报纸上见过照片。验光不复杂，大夫讲因稍有白内障，配镜后作用不很大，仍拟配一副。

午饭在"巨龟庄"吃韩国烧烤，罗先平请。餐具均朝鲜式，别具一格。餐桌中置一铜盘，下有煤气火，放虾片、鱿鱼片、牛、羊、鸡片于其上烧烤之。虽有烟，却被炉盘上方一精致小烟囱抽出，设计合理，又颇洁净。午餐吃至午后二时，在京所未有。

饭后乘车往新界沙田韦梅寓所，过海

我和妹妹韦梅在"巨龟庄"陪外公

底隧道经九龙，穿狮子山隧道抵新界。此地人、车皆少于市区，空气新鲜。梅住沙田第一城，室小而精。在安安小床稍憩得眠，亦难得也。

六时，仍假郑先生车往九龙尖沙嘴一家上海菜馆晚餐。大川伉俪盛情邀我品尝家乡菜。许晴野先生作陪。他和奈、梅等也很熟。菜精美。蟹、鱼、烧二冬均佳。尤以海蜇头为最，鲜嫩无比，久未吃过。菜丰盛，不敢多吃，每样一点，便很饱。自饭店步行十余级台阶出至大街。扶街旁栏杆观街市夜景，霓虹灯广告比比皆是，金铺中珠光宝气，富丽堂皇。守门者多为印度人，此已久不见。郑先生亲自驾车，送至酒店，殊不敢当。香港夜景之明，留下深刻印象。各种服务热情周到，此种事虽小，亦很重要，可由小见大。

晴野与韦奈坐谈，随后潘耀明偕夫人颜惠贞来问候，余时已睡，未得晤，为歉。与耀明往来多年，年轻有为，此行他出力非少。

十一月二十一日　星期五　晴

晨五时三十分即起床，为明日大会书写祝词：

其一：世界和平　海内一家

　　　发扬文化　光我中华

其二：耳目聪明　血气调均

移风易俗　天下皆宁

第二句原为"血气和平"，与上文重复。原是旧稿凑合。写字眼光差。然韦奈说"写得特别好，可见外公来港后身体、精神都有进步"，或是实情。《东方日报》约奈写千余字给香港青少年。因此间中学语文课本选《桨声灯影里的秦淮河》，我为题："千里之行起于足下赠香港青少年"几字。此句曾为宁宁学校写过。青年们刚刚起步，脚踏实地，努力学习为要。为奈文题名"晨光 Morning"，以寄此情。

八时早餐。餐厅人寥寥，三样小点心均好。送三回热毛巾，此种服务，内地不见。九时许梅梅、先平来。先平陪奈上街购物，我则与梅闲谈，了解一些她在港的生活工作情况。因下午有记者招待会，不外出，仍在酒店用餐。有小碗鸡丝鱼翅。

二时三十分有张志和先生来接往参加记者招待会，在中华文化促进中心会议厅。地处港澳码头，一路顺观市容。

记者约三四十人。杨裕平、潘耀明二先生、我和韦奈四人在台上，面前置麦克风。讲几句开场白："第一次来港还是 1920 年的事，66 年后重访，完全不认得了。因口齿不清，下面由外孙韦奈代讲。多谢中华文化促进中心、三联书店热情接待。多谢各位光临，谢谢！"接下由韦奈讲。内容有三：一、来港前后之经过；二、"文革"后我的情况；三、对香港印象及其他。柰讲得清楚且活泼，席间时有笑声。随后有发问者，多由柰和耀明代答。会议约半小时。结束后由梅、先平陪我回酒店休息。柰留下继续谈话。待他返回已近六时，看上去疲惫。梅告诉我说："哥哥不舒服。"此行的确辛苦了他。

六时，香港中文大学郑子瑜先生十数位来访。在京时郑曾来三信，并赠诗，极为热情。各位都来合影留念。中有从台湾来港者，在中文大学任教。可谓海内一时之盛。房间不大，人多不宜久留。即同去"菩提素食馆"进餐。承子瑜先生盛席款待。全席素菜，风味特殊，精洁之至，主人考虑甚周，藉得畅谈。座间有梁通先生出示有关黄公度之资料、照片。他嘱我题纪念册，即诺之。晚餐十四人，中有明日讲座主持者黄继持先生，及梁通、卢玮銮、黄维梁、潘铭燊、吴宏一、陈可焜、梅挺秀诸先生，大都中文大学人士。

十一月二十二日　星期六　晴

晨起，韦柰拿些书来，嘱签名者，皆允之。随又为梁通先生书黄公度《人境庐诗草》"我手写我口，古岂能拘牵"二句。为开好下午大会，上午休息，不会客。梅要我睡一会儿，然并无困意。

中午许先生在一楼餐厅别室设宴。我一家四人外，有

新华社宣传部长张浚生先生及崔绮云女士。与许先生虽未
识面，而久仰大名。他和圣陶很熟，常闻名论。许先生年
近七旬，精神很好，健谈，身负重任，工作繁忙，仍蒙亲
自招待，如此厚情，何以克当。敬呈一字幅，以表寸忱。

　　下午为座谈之日。不知效果如何，只恐有负众望。二
时三十分张志和先生来接，告知下午有马赛，恐"塞车"
宜早行。乘的士往文化交流中心会议厅。乘轮椅进入时，
见人很多。据云一厅已不够坐，遂另开一室内，以闭路电
视传之。如此重视，为之感动。

　　讲台右侧为黄继持先生，主持者居中，左有奈。黄先
生开会，介绍情况，其后由我先致辞："这次来香港，承诸
位光临，无任感谢。敬祝大家身体健康，事业胜利。"其后
即说《红楼梦》。我的讲稿略说三种版本，依先后排列。若
依历史回溯，又恰相反。

　　（一）百二十回，
一七九一，程伟元、高
鹗（晚年清玉缘本，我
儿时所读。时一九一一
年辛亥革命）。

　　（二）八十回，
署年不详，戚蓼（音
洛）生序，有正书局

1986 年在香港说《红楼梦》

石印本。

狄楚卿字平子，题"国初抄本"，假托，亦有些意义，约与金玉缘本先后。一九一一年。

（三）甲戌本十六回，一七五四，残存又分三段，称脂砚斋，胡适藏，一九二七年台湾复制，后又翻印。甲戌有制优点，比庚辰本好。

此外有苏联列宁格勒本。第七十八回芙蓉诔中有重要异文——第七十八回芙蓉诔为晴雯诉不平，且以"羽野""鲧婷直以身亡"为比，诚为特笔。后文又有："箝诐奴之口，讨岂从宽。剖悍妇之心，愤犹未释。"有似破口大骂，不像怡红口气。但各抄本皆有之。近传列宁格勒本无此四句，或与作者原稿有关。待诸家讨论，亦新闻也。

接下即由韦奈代读《评〈好了歌〉》《索隐派与自传说闲评》，他并未全照念，稍有发挥，亦还妥当。我不时插上几句话，使气氛活泼，不拘谨。事后韦奈对我说，他见我开场自如轻松，不拘一格，遂改变了照读的做法。能见机行事，亦算聪明。

讲完后，与会均有提问者。问题皆写在纸上，原只准备回答两三个问题，却一下答了约三十个。问答内容报纸有刊载，不再记述。随后将在北京准备好的两幅字，分送两家主办单位。一条写"以文会友，促进交流"，赠中华文化促进中心；另一条"读者之良友"，赠三联书店。对方亦有礼品回赠，为金笔和蒸馏咖啡壶。讲座结束，求签名者挤满桌前，逐一应之。

在文化中心小会议室小憩，幸会马蒙、饶宗颐二教授及陈正方先生、吴康民先生，几位均属高龄，能与之见面，实非易事。喝咖啡闲谈，约半小时。

返回酒店休息。会议历时两个多小时。有些疲倦，心情很好。柰、梅、先平更是兴奋不已，言从未见我如此幽默健谈，且

外公为听众签名

能迅速回答诸多问题，极为佩服。韦柰连声说："外公真棒！"喜悦之情溢于言词。几个月来，为此事忙碌，能获成功，怎不兴奋。总算不负众望，我亦心安。

六时，柰、先平之好友赵翊来访。他是韦柰童年朋友，曾一起搞音乐。后到香港，与韦梅、先平情谊甚厚。他母亲早年我见过，与周铨庵很熟。赵翊邀吃晚饭，在一日本餐馆，名"水车屋"。日式小房，中设一长方桌，我们围坐三面，桌中央为一钢板。不多时，有一戴白帽之厨师来，

燃火于钢板下，开始烹调。先置油于板上，待油热后浇白兰地，顿时小火一团。赵翊告诉我，这是"噱头"。随后当场表演活烹龙虾与蔬菜、牛肉，调味亦佳。并将手中刀铲舞动，前所未见。此餐闻赵翊破费颇巨。赵说他是小辈，应尽此心的。只有领情而已。

事后，韦奈、先平同去赵翊家小聚，由韦梅及其子罗思惠（安安）相陪。梅梅通话给成女告喜讯。我卧床上，旋即入睡。

十一月二十三日　星期日　晴

晨四时三十分起床。奈拿纸来，要我为《新晚报》写几个字。他告诉我，下周六该报《星海》栏，将全版发有关我的文章，其中有韦奈文二篇、耀明一篇及其他。我写"旧地重游"四字。又看新华社副社长陈伯坚先生昨日会场即席速描之画像，神气颇似，拟挂在京寓客厅内。

读陈辉扬《金声玉振》一文，对列宁格勒本"芙蓉诔"文独缺四句，陈已迅速校对，证明我说不错。二十二日讲后，次日立即写就，文字可喜，又多赞颂之词，未免令人惭愧。

九时，耀明来陪我们游"太平山"。乘的士上山，树绿天青，空气新鲜。香港司机技术甚高，路狭车多，然车速快且平稳。搭的士更为方便，招手即来，不挑肥拣瘦，收费合理。社会服务管理得法，内地颇可学习。至山顶，见一绿色缆车缓缓上山。此地六十余年前曾到过，以缆车上山略有印象，手扶傍山栏杆远眺，有薄雾。视力欠佳，只得见香港岛，楼群林立。时逢星期天，游人很多。随后乘电梯至楼顶餐厅茶点。傍窗小坐，其时天渐放晴，九龙岛隔海隐约可见，偶忆杜甫句写出，即为潘君诵之："春水船如天上坐，老年花似雾中看。"此句近似，上句写闲适之意耳。因中午有饭局，不敢久坐，即迅即下山，回酒店休息。

午饭在"艺术中心"内"景福茶寮"。来者多为香港作家联合会会员，有文汇报社长李子诵先生，大公报副社长、总编辑李侠文先生及金尧如、吴其敏、刘以鬯、潘际炯等，济济一堂，备荷诸君盛情，惟有惭愧感谢耳。

五时同家中人到潘寓拜访。耀明家居北角，为近月新迁入之新居，房间很大，布置典雅，客厅悬我庚申年给他的"酒绿灯红"联，那还是他搬入"太古城"时的事。潘太太精明能干，为人热情，款待甚周。我在廊沿摇椅上坐观海边夜景，怡然自得。柰与梅去不远处看望他们的祖母。不久，忽见他俩陪一老太太来，知是亲家母来看我，十分惊奇。长女俞成前在昆明结婚，我与亲家母没见过面，想不到时隔四十余年，在港晤面。若非她家与耀明寓所毗邻，见面亦难，非天意而何！老亲家小我三岁，不似其年龄。步伐矫健，听力亦佳。照像留念。亲家坐不多时即告辞，留她共进晚餐，言晚饭食少，不陪了。此事实我家罕见又难得之事！耀明晚饭约到"东亚皇宫酒楼"。遇台湾施叔青女士。坐我右侧，为小说家并主办杂志。人很热情，并期后会。

归后，大家仍很兴奋，与奈、梅谈话，往事如尘，恍如隔世。我曾讲过此行有"天方夜谭"之感，这次与亲家见面更有神秘感。真所谓"一叶浮萍归大海，人生何处不相逢"也。拟托韦梅捎呈酒品，以表敬意。

十一月二十四日　星期一　晴

晨起，题"香港文学两周年纪念"。有马力先生来访，是基本法咨询委员会副秘书长，年轻，很能干，且喜《红楼梦》，所谈观点不俗。在港每见青年人承担重任，如耀明、裕平、赵小霞者。此为社会发展希望之所托。

奈、梅、先平帮忙收拾行李，明天将回京。自住跑马地宏德街"亚洲酒店"，瞬届一星期，不免打扰，为题写《左传》句："虽一日必葺其房屋，去之如始至"，以留去思。

午饭在地下室西餐厅。须步行十数级，要人扶持。午餐只我一家四人，坐地舒适。吃匈牙利牛肉汤、厨师沙拉、大虾及冰激凌。我素喜食，亦稍过量。午后，韦奈、先平为我取眼镜，旋即退掉。云制作未工，分量过重。我很同意。先平为购得一手表，"精工牌"，表薄，刻字清楚，不用上弦，于我最宜。他们外出时，梅在家。梁披云先生来访，为我多年老友。此次专程从穗赶来会面，几乎错过。即将转回澳门，临行惠贻港币，甚感。

晚，三联书店设宴饯行。动身前接到电话，知费彝民先生们在北京开会，专电问候。在港期间未及会面，甚于怅惜。七时抵英皇道之"敦煌酒楼"，下车时不慎将轮椅一块脚踏板丢在的士上，我只见奈、梅拼命追跑，不知何事。总算追上了！此事可谓惊险矣。若不是逢"塞车"，的士早已飞无踪影，何处寻它！轮椅本是借用的，丢了踏板，如何交代？

饭前，赵小霞小姐将近两个月的有关剪报复印成册送我，有厚厚一本。为我阅读方便，已将其放大，考虑可谓周到。

晚宴两家主办单位负责人均在座，裕平先生有事来得较晚。席间致辞，表示感谢。菜丰盛，不敢多吃。小点心制作精美，"敦煌玉兔饺"，形象逼真。饭后，耀明夫妇邀韦奈外出。我由梅、先平陪至酒店，为时已晚，稍觉疲乏。梅未敢远去，借寓席地而睡。奈归来，一宿无话。

十一月二十五日　星期二　阴

三时三十分即醒，行装已收拾妥当，计四件，中有托带者。十时赵小霞小姐、张志和先生等人来接，郑大川仍倩车送我。十时三十分动身往"启德机场"。与送行亲友在大厅摄影留念。来去匆匆七日，承大家盛情接待，只紧紧握手，临别依依，不知讲什么才好。奈亦很激动。

有亚旅社工作人员送至候机大厅后离去。口渴，奈为买可口可乐。飞机迟飞三十五分。旅客满座。近舷窗，略可见飞行情景，不似来时之绝无所知。升到万米，上青下黄，有"天地玄黄"之感，舱内恒温，不觉气候变化。

飞机着陆，承郑欣将家中送来的大马褂携入舱内，至大厅后渐觉腿部寒冷，又以羽绒服盖脚。候行李费时，遂兀坐寡言。回寓所时，与润民、正华、陈颖同乘文学所派来小车，陈怕我冷，将她的背心给我盖。永品、郝敏、成、欣、奈及同事潘志涛诸君携行另乘一面包车。

五时抵南沙沟寓所，时已曛黑。离家七日，一切如旧，合家团聚，倍感亲切。此行圆满，老作佳游，备承照拂，诚生平之幸也。

香港演说《红楼梦》，这是外公晚年最重大的活动。然而，重游香港带给他的兴奋，在回北京后不久，有如大海退潮，很快地平静下去。他又一头扎进"故室"，过着他那清寂的生活。随着年事的增长，他的健康每况愈下，与在香港期间的表现判若两人。他那旺盛的活力，从飞机降落那一刻，便全部终止了。

外公的一生为《红楼梦》研究做出了巨大的贡献，也因此受尽苦难，但他对《红楼梦》的痴迷及恋眷之情始终无悔。在他临终前的最后日子里，仍是一心惦念着那让他吃尽苦头的《红楼梦》。

1990年1月4日（己巳年腊月初八），他在家中度过了他的90岁生日。祝寿活动的序幕，由新加坡知名人士周颖南先生拉开。为祝寿，周先生把他珍藏的外公所赠《重圆花烛歌》长卷影印成册。这本册子设计精美、印工考究，因是非卖品，印数很少，十分珍贵。在随后收到的礼物中，著名国画家徐北汀先生的"松"，香港许晴野先生篆刻的"俞平伯九十后所作"，都是精品。九三学社中央委员会、人民文学出版社、中国现代文学馆送的鲜花篮，更为寿日增添了喜庆气氛。

那天，老人强打精神，在客厅接待络绎不绝的客人，并在中午乘坐临时租赁的给老人用的小三轮车，由外曾孙韦宁蹬着，缓缓驶向酒楼。马路上的人大概再也不会想到，坐在那"咯吱咯吱"乱响的破旧三轮车上，穿着一件旧中式大棉袄的老头儿，会是一位闻名于世、跨越了近一个世纪的学者。

90岁寿辰，在家人和亲友的全力合作下，隆重而圆满地度过了。然而，看得出，他的心气并不高。我外婆不在身边，也就失去了生活乐趣的根本所在。

90寿辰后的3个月，1990年4月16日，他因脑血栓再度中风，左侧瘫痪，距第一次发病整整15年。病发突然，来势很凶，也没有任何预兆。他一动不动地躺在床上，面色青灰，形同槁木。病情严重，但他仍像第一次中风时那样，坚持不肯去医院治疗，更不用说住院。病中的他真是可怜，想动，动不得，想说，说不出。一向要强的他，坚持要用勉强能动弹的右手自己吃饭、吸烟，小便也不肯让人帮忙。看他那股子倔强的劲头，艰难的举动，令人心酸。为不使他因久卧病榻而引发褥疮，男佣每天把他抱起来几次，坐到书桌前去吃饭。饭后他歪着半瘫的身子，叼着一支香烟，呆呆地坐着，两眼直勾勾地望着窗外，不时抬起右手，习惯地摸着头，在想些什么呢？也许什么也没有想，他真该没有什么牵挂了。

不然！在那已经变得迟钝、呆滞的思维中，他牵挂着"写书的人"，要"拿200元给'他'"；要我和我妈妈"写一部很长的书"去"重新评价后四十回"。当然，这只是病中的呓语，他未能完成的事，谁能替代！在那最后的日子里，他一会儿要"脂批本"，一会又要他自己的"八十回校本"，像中了魔，常常坐在书桌旁翻看《红楼梦》。不久他用勉强还能写字的手，模模糊糊地写下："胡适、俞平伯是腰斩《红楼梦》的，有罪。程伟元、高鹗是保全《红楼梦》的，有功。大是大非！"另一纸写："千秋功罪，难于辞达。"显然，在他那已经近乎停顿的脑子里，仍放不下他的研究和让他吃尽苦头的《红楼梦》。"我不能写了，由你们完成，不写完它，我不能死！"这是他的愿望，是绝唱。那是一部除他之外，无人可完成的巨著，一部永远无法完成的作品。

1990年10月15日，外公最后望了一眼守候在他身边的亲人，轻舒一口气，永远地离开。生前那许多坎坷，许多遗憾，烟云般散去。在家人料理丧失的当天，在他书桌的抽屉里发现他早已亲笔写好的墓碑铭文，那上面写着："德清俞平伯杭州许宝驯合葬之墓。"他终于可以永远地与她在一起了，他们终于可以携手去寻那《陶然亭的雪》《西湖的六月十八夜》和《桨声灯影里的秦淮河》了。

外公弥留之际最后的手迹，不知所云

八、良师益友

胡适

胡适（1891～1962），字适之。现代学者、中国自由主义的先驱。早年因提倡"文学革命"而成为"新文化运动"的领袖之一。

胡适与我外公的关系可谓亦师亦友。他在北京大学读书期间，深受胡适的影响，他之所以能够走上文学之路，与胡适有着密不可分的关系。

胡适

"初三日（1918年3月15日）作文未就。先后晤以亨、子清，赠吴近照一张。至二道桥听胡先生讲，题为'短篇小说'。晤吴、王二先生。归翻稿一张，十二时睡"。[1] 所记"至二道桥听胡先生讲，

---

1 俞平伯：《俞平伯全集》第十卷《别后日记》，花山文艺出版社，1997年11月。

题为'短篇小说'",说的就是去听胡适的课。刚进学校的时候,外公在黄侃教授的指导下攻读周邦彦的"清真词",他对词学研究深厚的功底,得益于黄侃先生的教诲。然而,1917年当胡适在《新青年》发表《文学改良刍议》,逐渐成为"新文化运动"的领袖人物之后,外公也像许多青年一样,把胡适当成仰慕的导师,就参加了"小说研究会",把小说作为研究的课题。但他对小说并没有太多的兴趣,尽管有《花匠》《炉景》等,但都不如他后来写的新诗那么有影响。他引起胡适的重视,应当是从他寄给《新青年》的文稿《白话诗的三个条件》那个时候开始的,胡适看到这个年仅19岁的大学生的文章后,十分高兴,立刻在《新青年》6卷3号上发表,并附有他的信:"我对俞君所举的三条,都极赞成……俞君这信里我所最佩服的两句话是'雕琢是陈腐的,修饰是新鲜的'……近来我看见俞君自己做的诗,知道俞君是能实行这个道理的。"胡适对他的白话诗《春水船》所表现出的那种"朴素真实的情景"也给予很高的评价。此后无论是他与傅斯年同去英国,还是他提前回国以后,都受到胡适的关注。这之中,傅斯年在外公提前回国后写给胡适的信,对我外公此后在胡适引导下的发展,也起到了至关重要的作用。傅斯年在写给胡适的信中说:"'输入新知'的机会虽断,'整理国故'的机会未绝。旧文学的根底如他,在现在学生中颇不多。况且'整理国故'也是现在很重要的事。如果先生能常常对他有所劝勉,有所引导，他受益当不少的，否则不免可虑。"[1] 说本来是想通过让我外公出去留学，把先进的西方文化带回国，但他既然已经回去了，"整理国故"也很重要，更何况他的旧文学功底是那么好，那就全靠先生引导了。字里行间体现了傅斯年对我外公的殷切期望与关怀。傅斯年的话当然会引起胡适的高度重视，于是邀请我外公到北京参与《尝试集》第四版的删定工作。这一举措，不仅使他回到胡适的身边，更从此开始了他与顾颉刚对《红楼梦》的讨论，实现了傅斯年寄希望于他"整理国故"的愿望。他的《红楼梦辨》与胡适在 1921 年所著《红楼梦考证》无疑是"新红学"崛起的里程碑。

顾颉刚先生为《红楼梦辨》所作的序言，记述了这段历史经过："1921 年 3 月下旬，适之先生的《红楼梦考证》初稿作成。但曹雪芹的事迹和他的家庭状况依然知道的很少。那时候，北京的国立学校正是为着索薪的事罢课，使我常有工夫到图书馆里做考察的事。果然，曹寅的著作找到了，曹家的世系也找到了。平伯向来喜欢读《红楼梦》，这时又在北京，所以常到我的寓所，探询我们找到的材料，就把这些做谈话的材料。"

"我对于《红楼梦》原来是不熟的，但处在适之先生和平伯的中间，就给他们逼上了这一条路。我所希望的辩论学问的乐趣，到这时居然实现。我们三人的信件交错往来，各人见到

1　胡适：《胡适来往书信选》上，中华书局，1979 年。

什么就互相传语，在几天内大家都知道了。适之先生常有新的材料发现；但我和平伯都没有找到历史上的材料，所以专在《红楼梦》的文本上用力，尤其注意的是高鹗的续书。"[1]

外公在他的《红楼梦辨》的"引论"中也有记述："欧游归来的明年——1921年——我返北京。其时胡适之先生正发表他底《红楼梦考证》，我友顾颉刚先生亦努力于《红楼梦》研究；于是研究底意兴方才感染到我。我在那年四月间给顾颉刚一信，开始作讨论文字。从四月到七月这个夏季，我们俩底来往信札不断，是兴会最好的时候。这书有一半材料，大半是从那些信稿中采来的。"从他的这段话中，不难看出，他写《红楼梦辨》与胡适和顾颉刚有着密切的关联。

1958年2月，外公的《红楼梦八十回校本》由人民文学出版社出版，这也是他在中国社会科学院文学研究所工作的一部分。当胡适在台湾看到这部著作后，曾有过如下的评价：

《红楼梦八十回校本》书影

---

1 俞平伯：《俞平伯全集》第五卷《顾颉刚"红楼梦辨序"》，花山文艺出版社，1997年11月。

"我觉得俞平伯的《红楼梦八十回校本》在今日还是第一善本。你若没有细看，请你找来一校，便知此本真不愧为他三十年的功力的结果。"[1]

1962年，外公的《重订红楼梦八十回校本》出版，此时胡适先生已经谢世，未得见。外公的遗憾是可想而知的，这或可从他的1963年为《别后日记》所写的"后记"中找到一些线索：

记中诸师长，今犹在京者只知堂师，年将八十。余如遏先、申叔、季刚、玄同、瞿安诸师，仲甫、适之两先生俱久已谢世……所从受业诸先生皆学府前辈，文苑耆英也，同游诸君亦一时之隽也，今皆古人也……戊午年为"五四"运动之前一年，记中载晤陈独秀、胡适，又言阅读《新青年》，盖新文学已在萌芽矣。[2]

从这些文字中，不难看出他对胡适先生以及其他师长的怀念。

当然，因他与胡适有着这一层亦师亦友的亲密关系，在1954年掀起的对《红楼梦研究》的批判运动中，强加在他身上的诸多罪名中，又多了"胡适"这一笔，说他是"胡适幽灵"。

1　胡适：《红楼梦论述全编》，上海古籍出版社，1988年。
1　俞平伯：《俞平伯全集》第十卷《别后日记》，花山文艺出版社，1997年11月。

这场运动，名为批俞，实为批胡，是显而易见的，他成了"批判胡适"的替罪羊。1954年，中国科学院院务会议和中国作家协会主席团会议做出决定，由两个单位联合召开批判胡适思想的讨论会。在周扬题为"我们必须战斗"的总结发言中，他说："我们正在进行的对俞平伯在《红楼梦研究》及其他著作中所表现的胡适派资产阶级唯心论观点的批判，是又一次反对资产阶级思想的严重斗争，也是反对资产阶级思想的可耻投降主义的斗争……俞平伯先生是胡适派资产阶级唯心论在《红楼梦》研究方面的一个代表者。俞平伯先生的考证和评价《红楼梦》，也是有引导读者逃避革命的政治目的的。"欲加之罪何患无词，更何况他与胡适有着如此密切的关系！

身在海外的胡适，对这场运动的始末十分清楚，对我外公因他而受牵连，那更是心知肚明。1954年胡适在台北文艺学会做"中国文艺复兴运动"报告的时候，曾说了这样一段话："前几年大陆上清算我，一九五一年就清算我，五二年、五四年、五五年大规模的清算我，先从俞平伯的《红楼梦研究》清算起，俞平伯大家都知道是我的学生，北大的学生，好好先生一个。俞平伯绝对是最可怜的学者，绝对不是什么危险分子，他们是清楚的，俞平伯是最可怜啊！一清算就说俞平伯的东西都是从胡适来的，结果第二就变成清算胡适的幽灵——胡适的鬼。"[1]

1　胡适：《胡适演讲集（一）》，台北远流出版公司，1986年。

的确如此，"俞平伯是最可怜的啊！"对这场突如其来的批判，他一无所知，待他看到毛泽东《关于红楼梦研究的信》，已经是 1967 年 5 月 27 日《人民日报》公开发表的时候。因此为什么要批判他，这批判是如何引起的，当年的他完全是"丈二的和尚——摸不着头"。多年后，我的外婆在与我的谈话中回忆说："那时我和你外公都很慌，也很紧张，不知发生了什么事，连往日的朋友都很少走动。我很为他担心。但总算还好，过去了。"当年的情景，用"门可罗雀"形容绝不过分。这场批判对于他来说，真是太冤枉了。

"俞平伯是最可怜的"，从"敌伪"时期到 1954 年的"批红运动"，再到"文化大革命"，大半生的时间他几乎都处在风口浪尖上，基本没踏实过。而等到 1986 年 1 月 20 日，中国社会科学院文学研究所为他从事学术活动 65 周年举行的庆祝会，正式为他"平反"时，我的外婆已经去世，他也因第一次中风身体健康每况愈下。

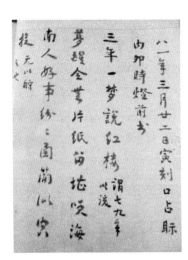

外公手迹

在庆祝会上，胡绳先生称他是有贡献的爱国学者，他的

"红学"研究具有开拓性；1954年对他的政治围攻是不正确的，它伤害了俞平伯，在学术界产生了不良影响。文学研究所前所长刘再复在祝词中说："俞平伯先生以文学创作与学术研究的双重建树，使自己成为'五四'运动以来为数不多的学者、作家、批评家兼诗人……俞平伯先生的治学精神和劳动态度会更广泛地影响我们学术界。"

然而这一切已经引不起他的激动，实际上那时他的心早已"死"了。

1962年胡适因心脏病突发去世，享年72岁。

周作人

周作人（1885~1967），字星杓，号启明、知堂等。书房名"苦雨斋"。鲁迅的二弟。现代散文家、翻译家、诗人。是新文化运动重要代表人物之一，是影响我外公一生学术成就的重要人物。

九月十三日九时进城谒苦雨斋……

九月廿七日朝霞，九时偕环进城，余至苦雨斋，废

周作人

名继至……

　十月五日灯下作废名书，约其迟日随知堂来也……

　十月九日陈来。知堂、废名、静希来，启无后到……

　十月十一日十时到苦雨斋，午，启师命餐于西安门外之香积园，同座废名、启无、静希及傅君。饭罢仍至斋小坐……[1]

仅从《秋荔亭日记（二）》的文字记载中，便不难看出，外公与周作人先生往来之密切，这也是有原因的。

周作人"五四"时期任新潮社主任编辑，并参加了《新青年》的编辑工作。参与成立"文学研究会"，曾发表过《平民文学》《人的文学》《思想革命》等重要理论文章，并从事散文、新诗创作。翻译和推荐了大量的外国文学作品。周作人的理论主张和创作实践在"新文化运动"中产生了很大的影响。"五四"以后，周作人作为《语丝》周刊的主编和主要撰稿人之一，写了大量散文，风格平和、幽雅。"他的散文风格，极大地影响着他的学生俞平伯、废名，在20世纪20年代形成了包括俞平伯、废名等作家在内的散文创作流派，也是很有威望的流派"。[2]

1917年，周作人在北京大学任教，我外公是他的学生，也是周作人"在文坛上崭露头角的得意门生"之一。很多评论将他

1　俞平伯：《俞平伯全集》第十卷《秋荔亭日记（二）》，花山文艺出版社，1997年11月。
1　阿英编校：《现代十六家小品·俞平伯小品序》，天津市古籍书店，1990年8月。

与废名并列为周作人的"传人",大多是从他们的散文受到周作人的影响而来,如果从这个角度看,"传人"的评价并不过分。但周作人自己只承认他们之间是朋友,而非师生的关系,他说:"世间传说我有四大弟子,此话绝对不确。俞平伯江绍原废名诸君虽然曾经听过我的讲义,至今也仍对我很是客气,但是在我只认作他们是朋友,说是后辈的朋友亦无不可,却不是弟子,因为各位的学问自有成就,我别无什么贡献,怎能以师自居。"[1]此后,外公留在北京大学任教,与周作人同事,亦师亦友的关系使他们更加亲近。

除日常交往之外,外公与周作人的通信更为频繁,1996年6月由北京图书馆出版社编辑出版的《周作人俞平伯往来书札影真》,收录他们20世纪二三十年代往来信件就有353封,其中周作人致俞平伯信札193封,俞平伯致周作人信札160封。更为可贵的是,这些信札皆为二人手迹,实在是太珍贵了。外公对这些信件非常重视,他装裱成3册,并请周作人作跋语,以便于永久保存。也正因如此,方才能为我们留下宝贵的文化史料。

> 岂明师所赐书翰出没其间殆五年,虽缺脱未免,而犹衷然可以成帙。盖有大幸焉欤?今春偶尔涉念,知其久而必失也,遂检理而付装池。[2]

---

2 周作人:《文坛之分化》,《中华日报》,1944年4月13日。
2 《周作人俞平伯往来书札影真》(上册)《俞平伯跋》,1929年,北京图书馆出版社,1999年6月。

不知何年何月写了这些纸，平伯又要裱成一册，随手
涂抹，殃及装池，其可三乎？因新制六行书，平伯责令写
一张裱入，亦旧债也，无可抵赖。但我想古槐书屋尺牍之
整理，盖亦不可缓矣。[1]

他们最早的通信，当是在 1920 年 10 月间。周作人虽是他
的老师，但在他们的通信中，并不摆出师道尊严的架势，他们的
书信往来涉及到方方面面，或评论诗文，或赏析书画，或互赠诗
词，谈出游、约会、赴宴……情趣盎然。在学术的探讨上，他们
畅所欲言，各抒己见，留在信纸上的文字，极具学术价值，于今
日的研究仍然有着十分重要的参考和指导作用。

平伯兄：

读《野有死麇》讨论，觉得你的信最有意思。陶渊明
说"读书不求甚解"，他本来大约是说不求很懂，我想可以
改变一点意义来提倡它，盖欲甚解便多故意穿凿，反失却
原来浅显之意了。适之先生的把解作门帘，即犯此病。又
他说此诗有社会学的意味，引求婚用兽肉作证，其实这是
郑《笺》的老话，照旧说贞女希望男子以礼来求婚，这才

---

1 《周作人俞平伯往来书札影真》上册《周作人跋》1932 年，北京图书馆出版社，
1999 年 6 月。

说得通，若作私情讲似乎可笑，吉士既然照例拿了鹿肉来，女家都是知道，当然是公开的了，还怕什么狗叫？这也是求甚解之病。但是死鹿白茅究竟什么意思，与这私情诗有什么关系，我也不知道，不能臆说，只是觉得旧说都不很对而已。匆匆，不尽。作人 十八日[1]

　　知堂师：

　　许久未修笺候，春来维起居康宴。顷奉赐书，谈及《红楼》，如得晤对，欣慰欣慰。官版《石头记》殊未惬人望，诚如尊言。事实上且未规规矩矩照录程乙本，实用的亚东本而涂上一些程乙的色彩耳。做工作者为湖畔诗人汪静之，渠对北地言语风俗毫不了解，自属难怪，唯有些注本来不错的却改错了，未免说不下去。其说明中关于作者卒年及族籍采用"华宗"汝昌之说，亦系错误的。在《光明日报》明日始刊的"文学遗产"周刊，平及所中敝同寅王佩璋女士均将有文论列，未知能邀鉴否？"旧时真本"《红楼》的系续书之一，决非原作。《续阅微笔记》殆非纪氏手书，所示甚是。汝昌君亦好奇之过耳。平前作《红楼梦辨》行世以来殊为寥落，惟闻某君曾以之博取法国博士

1　《周作人俞平伯往来书札影真》上册《周作人致俞平伯书札》，北京图书馆出版社，1999 年 6 月。

功名，尚属有用。于五〇年友人绍介改名"研究"出版后，忽销行至两万许，诚非始愿所及。其中论证强半陈旧，殊不敢以尘尊览。蒙扰反愧甚。近作《红楼梦随笔》多则，即应《大公报》潘君之属。如他年汇成小册，当以呈正。匆覆，敬候

著安

学生平伯启上　二月廿八日[1]

翻阅周作人与我外公往来书信，不难看出所涉及的内容极为广泛，谈话更是不拘一格，随意且亲切，严谨之中又不乏幽默和情趣。

到抗日战争爆发，北平沦陷，周作人出任"南京国民政府"委员、"华北政务委员会"常务委员兼"教育总署"督办等伪职。这是周作人一生很不光彩的一页。在中华民族生死存亡的危难时刻，师生殊途。外公反日的态度是十分坚决的，这可从他给胡适的信中得到一些线索："今日之事，人人皆毅然以救国自在，吾辈之业唯笔与舌，真欲荷戈出塞，又岂可得乎！大祸几近眉睫，国人仍如散沙，非一时狂热令人利用，即惭惭冷却终于驰惰，此二者虽表面不同，为危亡征候则一也。故现今最需要的，为一种

---

1 《周作人俞平伯往来书札影真》下册《俞平伯致周作人书札》，北京图书馆出版社，1999年6月。

健全、切实、缜密、冷静的思想，又非有人平素得大众之信仰者主持而引导之不可，窃以为斯人，即先生也。"[1] "真欲荷戈出塞"便是他的态度，从这封信中不难看出他对胡适的信任和推崇。

尽管如此，1945 年抗战胜利，当周作人因"汉奸案"被捕，面临审判的时候，我外公又致信给远在美国的胡适为周作人说情："……夫国家纲纪不可以不明，士民气节不可以不重，而人才亦不可以不惜，若知堂之学问文章，与其平居之性情行止，先生之知最深，固无待平言矣……平此书拟作多日期矣，以身微言轻，无益于事，辄用徘徊。徐而思之，知知堂者莫如先生，知之而敢于民言、可与之言者尤莫如先生。若夫深知旧交之中，可望其肯为、能为政府人民公言之者，九州纵大，先生一人而已。此平所始欲言，中徘徊，而终乃上书于先生也，乞垂清听焉。"[2]

从这封"说情信"能看出外公为人坦诚，或者说是天真吧。两层意思他说得明白："国家纲纪不可以不明，士民气节不可以不重"是前提，"而人才亦不可以不惜"，"九州纵大，先生一人而已"，这里面就有着一份我外公对周作人先生的尊重与敬仰的情谊了。到底要不要写这封信给胡适，他也是想了又想徘徊着，但最终还是写了。照说他的胆子也真是够大，但他就是他——一

1 俞平伯：《俞平伯全集》第九卷《致胡适》，1931 年 9 月 30 日，花山文艺出版社，1997 年 11 月。
1 俞平伯：《俞平伯全集》第九卷《致胡适》，1945 年 12 月 28 日，花山文艺出版社，1997 年 11 月。

个直来直去，从来不会掩盖喜怒哀乐的性情中人。

　　周作人这段不光彩的历史，到了"文化大革命"就是罪上加罪，让他吃尽苦头，胃本来就不好，"造反派"却只给他吃玉米面粗粮，雪上加霜，加重了他的病情。当他被人发现死在屋里时，他是趴在床上，一条腿耷在地下。想要爬起来干什么去呢？也就这样地去了。

　　1967年5月6日，周作人逝世，享年82岁。

九、挚友五六位

朱自清

朱自清（1899~1948），号秋实，字佩弦。现代著名作家、散文家。外公的挚友之一。

外公虽然比朱自清小两岁，但却早朱自清两年考入北京大学。1916年朱自清进入北京大学哲学系学习。尽管他们同在北京大学读书，但认识朱自清是在1920年，那是他们经蒋梦麟先生介绍在杭州第一师范执教的时候。朱自清将新诗集《不可集》拿给他看，共同探讨新诗的创作和发展，从此结下深厚的友谊。1921年12月外公准备赴美留学，朱自清、

朱自清送给外公的照片

叶圣陶、许昂若于12月31日在杭州为他送行，那天四人同到西湖边的照相馆"二我轩"合影留念。但没想到，待他到上海等上

1921年，许昂若、叶圣陶（后排左起）、朱自清、俞平伯（前排左起）于杭州

船时，因香港发生海员罢工事件，致他所订中国邮船公司的"中国号"邮轮不能出港，只能扫兴回杭州，也就取消这次留美计划。直到1922年成行。

一九二二年七月七日（旧历壬戌年闰五月十二日，时润儿生甫逾月也。附记）将发杭州城头巷寓。醒来向曙，知别绪将与晓光并其绵远，勉作欢笑，而泪痕终不可掩。出手一握，瞥然而去。怅惘之意，只以"珍重"一语了之。许氏诸弟妹送我门前，亦觉弥增愁思。幸天气晴美，稍祛愁抱。车站上遇佩弦，偕之赴沪，倾谈许久，良适。午抵上海北站，赴卡德路环球中国学生会，以彼处不备铺盖，改住孟渊旅馆九号。下午二时到美国领事馆，接洽护照事。五时佩弦来，偕至振铎处。又偕振铎返孟渊，留一字条与颉刚、圣陶。在铎寓晚饭。闲步时遇颉、圣二兄。是夜与颉、圣、佩同住孟渊九号。[1]

1 俞平伯：《俞平伯全集》第十卷《国外日记乙集》花山文艺出版社，1997年11月。

　　从这段日记中，可了解到我外公临行前的感受，与友人相聚的情景。"勉作欢笑，而泪痕终不可掩"是他真情的表露。

　　没准儿就是那"勉作欢笑"的不舍情闹的，1922年的美国之旅，与他第一次去英国留学的结局十分相似，又是提前返回！

　　　　十月五日（中秋）癣大闹，上课亦不能去，只卧床转侧，自此直至八日。七日得环一书。

　　　　十月九日以寄身异地，所患缠绵，殊多不便，遂决意归国，至船公司询船期，将于下月行。发京电，嘱汇款。[1]

　　无论第一次在英国因经费不足，还是第二次在美国因病身体不适，都只是"起因"，而他那不可排遣的思乡之情才是两次提前回国的真正原因：

　　　　十一月十六日宵梦与环长谈，四时余醒来口占一绝句……

　　　　十七日晨成诗一首，连夕梦环之故……[2]

――――――――――――

1　俞平伯：《俞平伯全集》第十卷《国外日记乙集》花山文艺出版社，1997年11月。

2　俞平伯：《俞平伯全集》第十卷《国外日记乙集》花山文艺出版社，1997年11月。

这是他在回国途中的日记，梦中都是我外婆了。

在美国生病，闹得他是"所患缠绵，殊多不便"，可是一回到家，就好像变了一个人似的：

> 将船上所作各诗写出。午偕环在素香斋饭，湖滨闲步，西园啜茗。三、四妹来，泛舟湖中至白云观（即漪园），景色清佳……又至西泠苏堤上闲步吃橘子。晚与六、七两弟长谈。[1]

瞧瞧他，在素香斋吃饭，湖畔散步，西园品茶，泛舟湖中，苏堤吃橘子，开心极了。病呢？病好了，因为没了那份剪不断、理还乱的乡愁。

1922年，他与朱自清、叶圣陶、刘延陵创办了新文学史上第一个新诗杂志《诗》月刊，这是五四运动以后出现最早，以提倡新文学为主张的进步诗刊。虽然只办了两卷七期，却很有生气。诗刊既刊载新诗，也发表诗论，团结了新诗人，活跃了新诗坛。同年3月，外公出版了第一部新诗集《冬夜》，在自序中直言不讳地道出了他作诗的信念："一个是自由，一个是真实。"

---

1 俞平伯：《俞平伯全集》第十卷《国外日记乙集》花山文艺出版社，1997年11月。

这本诗集，从始至终得到了朱自清的支持与帮助。为此，他在自序中写道："在付印之前，承他底敦促；在付印之中，帮了我许多的忙，且为《冬夜》做了篇序。这使我借现在这个机会，谨致最诚挚的感谢于朱佩弦先生。""一个是自由，一个是真实"不只是他作诗的信念，也在他的生活里。

这仅是开始，1922 年朱自清为《冬夜》做序，《忆》的跋语和《燕知草》的序，也都出自朱自清之笔。由此可见他俩关系之密切。朱自清先生在《冬夜》的序中写道：

在才有三四年生命的新诗里，能有平伯君《冬夜》里这样的作品，我们稍稍可以自慰了。从五四以来，作新诗的风发云涌，极一时之盛。就中虽有郑重将事，不苟制作的；而信手拈来，随笔涂出，潦草敷衍的，也真不少。所以虽是一时之"盛"，却也只有"一时"之盛；到现在——到现在呢，诗炉久已灰冷了，诗坛久已沉寂了！太沉寂了，也不大好罢？我们固不希望再有那虚浮的热闹，却不能不希望有些坚韧的东西，支持我们的坛贴，鼓舞我们的兴趣。出集子正是很好的办法。去年只有《尝试集》和《女神》，未免太孤零了；今年《草儿》《冬夜》先后出版，极是可喜。而我于《冬夜》里的作品和他们的作者格外熟悉些，所以特别关心这部书，于他的印行，也更为欣悦！[1]

1924 年 4 月，他俩与叶圣陶合编出版了文学刊物《我们的七月》，1925 年 6 月出版《我们的六月》。那时外公已经从杭州迁往北平，随后由于他的推荐，朱自清也来到北平，在清华学校大学部国文系任教，就住在我家中。朱自清很喜欢小孩，经常与正值童年的我的母亲和姨母一起玩耍，这也是抗战期间朱自清要她们姊妹到西南联大就读，她们非常听话的重要原因之一。

《我们的七月》书影（丰子恺画）

《旅欧杂记》书影

此后，他们集资开办"景山书店"，专售与新文学有关的书刊；在清华大学与杨振声先生合开"高级作文"课。就这样，他们生活在一起，工作在一起，直到七七事变，朱自清先生随学校迁往昆明。在"西南联大"受我的外公之托，朱自清成为母亲和姨母的监护人。两位挚友虽千里相隔，但心却依然

1　朱自清：《冬夜序》《俞平伯研究资料》，天津人民出版社，1986 年 7 月。

相通。

1923 年 8 月，外公与朱自清同游南京，泛舟秦淮河，同题散文《桨声灯影里的秦淮河》由此诞生，同时在《东方杂志》发表，成为文坛佳话。文学评论家李素伯在《小品文研究》中对这同题散文的评价是："我们觉得同是细腻的描写，俞先生是细腻而委婉，朱先生是细腻而深秀；同是缠绵的情致，俞先生是缠绵里满蕴着温熙浓郁的氛围，朱先生是缠绵里多含有眷恋徘恻的气息。如用作者自己的话来说，则俞先生的是'朦胧之中似乎胎孕着一个如花的笑'，而朱自清先生的是'仿佛远处高楼上渺茫的歌声似的'。"

> 一九二三年八月的一晚，我和平伯同游秦淮河；平伯是初泛，我是重来了。（朱自清：《桨声灯影里的秦淮河》）
> 我们消受得秦淮河上的灯影，圆月犹皎的仲夏之夜。（俞平伯：《桨声灯影里的秦淮河》）

一个重游，一个初到，这起笔便有所不同。朱自清淡淡地平铺，而外公的惊喜已跃然纸上。

> 但灯光究竟夺不了那边的月色；灯光是浑的，月色是清的。在浑沌的灯光里，渗入一派清辉，却真是奇迹！那晚月已瘦削了两三分。她晚妆才罢，盈盈的上了柳梢头。

226

天是蓝得可爱，仿佛一汪水似的；月儿便更出落得精神了。（朱自清：《桨声灯影里的秦淮河》）

灯光所以映她的秾姿，月华所以洗她的秀骨，以蓬腾的心焰跳舞着她的盛年，以饧涩的眼波供养她的迟暮。必如此，才会有圆足的醉，圆足的恋，圆足的颓弛，成熟了我们的心田。（俞平伯：《桨声灯影里的秦淮河》）

岸上原有三株两株的垂杨柳，淡淡的影子，在水里摇曳着。它们那柔细的枝条浴着月光，就像一支支美人的臂膊，交互的缠着、挽着，又像月儿披着的发。而月儿偶然也从它们的交叉处偷偷窥着我们，大有小姑娘怕羞的样子。岸上另有几株不知名的老树，光光的立着；在月光里照起来，却又俨然是精神矍铄的老人。（朱自清：《桨声灯影里的秦淮河》）

虽同是船灯，虽同是秦淮，虽同是我们；却是灯影淡了，河水静了，我们倦了，——况且月儿将上了。灯影里的昏黄中，和月下灯影里的昏黄原是不相似的，又何况入倦的眼中所见的昏黄呢。（俞平伯：《桨声灯影里的秦淮河》）

这次与挚友的南京之游，使外公终身难忘。在朱自清先生逝世十年之后的1959年，全国人大、政协，组织代表、委员赴外地视察。外公与叶圣陶、王伯祥一同南下，访问至淮阴，本还应走南通过长江访苏州等地，他却不访他的"第二故乡"，匆匆

与友人告别，经镇江过南京北回
了。这突然的转向，让叶、王二
人大惑不解。原来，他独自一人
重游南京，登鸡鸣寺去凭吊与
朱自清同游的往事，感慨万千。
第二年年末，他终于完成了一
篇小赋，纪念好友朱自清，题
为《重游鸡鸣寺感旧赋》。他在
"序"中写道："余己亥春日，自
淮阴过镇江达南京。翌晨游玄武
湖，遂登鸡鸣寺豁蒙楼。时雨中

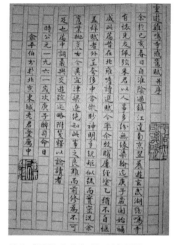

外公《重游鸡鸣寺感旧赋》手迹

岑寂，其地宛如初至，又若梦里曾来，盖距癸亥偕先友朱君佩弦
同游，三十六载矣。拟倩子墨，念我故人，而世缘多纷，难得静
虑，及庚子岁阑始补成此篇。"在用十六句对雨中的鸡鸣寺做了
细腻地描写之后，文字转入主题，缓缓诉出他"思旧神怆"的感
触和对先友的思念，读之动情：

……

推窗一望，绿了垂杨，台城草碧，玄武湖光。观河面
改，思旧神怆。翱翔文囿，角逐词场，于喁煦沫，鸡黍范
张。君趋滇蜀，我羁朔方，讶还京而颜悴，辞嗟来之敌粮。
失际会夫昌期，凋夏绿于秋霜。心淳笃以行耿介，体销沉而清风长。曾南都之同舟，初邂近于浙杭。来翰海兮残羽，迷旧巷乎斜阳。当莺花之三月，嗟杂卉之徒芳。想烟扉其无焰，痛桃叶之门荒。问秦淮之流水，何灯影之茫茫。

……

在这篇赋中，回忆他们的友谊，赞赏朱自清先生在《抗议美国扶日政策并拒绝领取美援面粉宣言》上签字"宁可贫病而死，也不接受这种侮辱性的施舍"的无畏精神，也很自然地回忆起他们同游秦淮河的美好时光，但此时的他唯有发出"问秦淮之流水，何灯影之茫茫"的感叹了。

初至扬州追怀佩兄示同游

昔年闲话维阳胜，城郭垂杨想望中。

迟暮来游称过客，黄垆思旧与君同。

外公录朱自清诗手迹

自七七事变二人分手，直到抗战胜利后的1946年，朱自清先生回到北京在清华大学出任中文系主任，他们才得以重逢。

朱自清先生胃病严

重，身体很差，微薄的薪金不够一家人的家用，医病自然就更加困难。外公想方设法帮助好友渡过难关，除亲自为他售书外，还为朱家送去一日三餐，朱自清先生坚持要付伙食费，他推托不过，只好应允每月收 15 元，其实他又把收来的钱用于朱家的伙食。1948 年 8 月 12 日，朱自清先生在贫困交加中与世长辞，那年他仅 49 岁。

朱自清先生英年早逝，使外公悲痛万分。这可从他在 1948 年 8 月 27 日写给叶圣陶的信中了解到他当时的心境，也可了解到他与叶圣陶、朱自清两位好友情深谊长的感情：

> 圣陶兄：佩弦逝世仓促，在医院病重，阅报始知之。弟同在一地，未能先图挽救，痛悔无已。此病一误于平素检查得不够精准；二误于开刀之迟缓，发病后十一小时；三误于大夫手术之不太高明。病深体弱原未堪久持，但此次症候似尚非致命者。今若此，天实为之，谓之何哉！人事之未尽乃诿诸天命则谬矣，此弟所以引为长恨也。本想立刻给兄写信，但实在拿不起笔，而大概情形报上既已说过了……弟与佩兄往事如尘，但此间乏可深谈之友，恨不得飞渡南云，与兄共洒此泪尔。盖心之其意者，惟我兄一人而已。[1]

1 俞平伯：《俞平伯全集》第八卷《致叶圣陶》，花山文艺出版社，1997 年 11 月。

随后，他接连写了《诤友》《忆白马湖宁波旧游》两篇散文，以为纪念。

> 佩弦兄逝世后，我曾写一挽词，寥寥的三十二个字："三益愧君多，讲舍殷勤，独溯流尘悲往事；卅年怜我久，家山寥落，谁捐微力慰人群。"《论语》上的"益者三友，友直、友谅、友多闻"，原是普通不过的典故，我为什么拿它来敷衍呢。但我却不这么想，假如古人的话完全与我所感适合，我又何必另起炉灶？严格地说，凡昨天的事，即今天的典故。我们哪里回避得这许多……我们在哪里去找那耿直的朋友，信实的朋友，见多识广的朋友呢？佩弦于我洵无愧矣。我之于他亦能如此否，则九原不作后世无凭，希望如此的，未必就能如此啊。我如何能无惭色，无愧词呢？……他的性格真应了老话，所谓"和而介，外圆而内方"。这"内方"之德在朋友的立场看来，特别重要。他虚怀接受异己的意见，更乐于成人之美，但非有深知灼见的决不苟同，在几个熟朋友间尤为显明。我作文字以得他看过后再发表，最为放心。例如，去年我拟一期刊的发刊词，一晚在寓集会，朋辈议论纷纷，斟酌字句，最后还取决于他；他说"行了"。又如我的五言长诗，三十四年秋，以原稿寄昆明，蒙他仔细阅读三周……这些诤议还涉多闻，真的直言，必关行谊。记北平沦陷期间，颇有款门而拉稿者，我本无意写作，情面难却，酬以短篇，后来不知怎的，被

在昆明的他知道了，他来信劝我不要在此间的刊物上发表文字，原信已找不着了。我复他的信有些含糊，大致说并不想多做，偶尔敷衍而已。他阅后很不满意，于三十二年十一月二日又驳回了。此信尚存，他说："前函述兄为杂志作稿事，弟意仍以搁笔为佳。率直之言，千乞谅鉴。"标点中虽无叹号，看这口气，他是急了！非见爱之深，相知之切，能如此乎？当时曾如何的感动，现在重捡遗翰，使我如何的难过，均不待言。我想后来的人，读到这里，也总会得感动的，然则所谓"愧君多"者，原是句不折不扣的老实话。[1]

"耿直的朋友，信实的朋友，见多识广的朋友"，在外公身边有朱自清、顾颉刚、叶圣陶、王伯祥……

我们可往哪里去找寻呢？

1978年为纪念朱自清先生逝世30周年，清华大学在校园内建"朱自清亭"，外公因身体欠佳，未能出席，写有"咏自清亭"诗一首：

咏自清亭

顷清华大学为纪念朱佩弦兄逝世三十周年，于园内荷塘东侧修葺一方亭，即以兄名题之。旧赏园林，新增胜迹，

---

[1] 俞平伯：《俞平伯散文》《诤友》，浙江出版社，2007年10月。

232

俾群材自勖，香远益清矣。余以衰迟，未获往瞻，悲故人
之早逝，喜奕世之名垂，诗以摅怀，不尽百一也。

西园裙屐几回经，荷叶如云草色青。
忆昔偕行悲断柱，何期今赋自清亭。

1987年清华大学建校75周年，外公在我的母亲陪同下前往参加纪念活动。这天，他专程走到"朱自清亭"，并在朱自清的塑像前留影。

1987年，外公与我的母亲俞成在朱自清塑像前

1986年12月，他在写给香港友人的诗中，也再次提到"朱公"，发出了"颉刚老去朱公死，更有何人道短长"的感叹。

外公手迹

耶诞节前留赠港友

颉刚老去朱公死，更有何人道短长。

梦里香江留昨醉，芙蓉秋色一平章。　　时校芙蓉诔

"见爱之深""相知之切""真的直言"，这就是朱自清与我外公的友谊。

叶圣陶

叶圣陶（1894~1988），原名叶绍钧，字秉臣。编辑家、作家、教育家。

外公与叶圣陶的交往始于1918年，交谊超越了六十年。他也是外公挚友中与之往来最长的一个，是外公晚年唯一在世的好朋友，得益于两位老人长寿。"……记中海内外诸友只颉刚、圣陶同客都门，其他多作感古人，或久无消息矣。"[1]

叶圣陶

他们曾是杭州师范的同事，也是"新潮社""文学研究会"的骨干。他们共同编辑出版《诗》月刊、组织"朴社"、合作

1　俞平伯:《俞平伯全集》第十卷《国外日记乙集后记》，花山文艺出版社，1997年11月。

老友促膝长谈

出版散文集《剑鞘》……为"新文化运动"呐喊。晚年，他们的友情愈加真挚，因二人行动都不方便，全靠书信往来，谈文学，交换对新作的意见，偶有见面，

二人更是兴奋不已。如果从他们的脾气秉性、处世为人看，两人几乎没有什么共同点。叶老喜洁净，他则相反，不修边幅；叶老饮食有度，从不过量，而他爱吃能吃，没有什么限制；叶老能遵医嘱吃药、看病，他却一向"讳疾忌医"；叶老热衷社会活动、社交甚广，他则我行我素，不善交际……那么他们的友谊基础在哪儿呢？从叶圣陶所作《俞平伯旧体诗钞序》中可以找到答案。

　　"在我与平伯兄六十年结交中，最宝贵的是在写作中沟通思想。我们每有所作，彼此商量是常事。或者问某处要不要改动，或者问如此改动行不行，得到的回答是同意的多，可不是勉强同意，都说得出同意的理由……这样取长补短，相互切磋，从中得到不少乐趣。这种乐趣难以言传，因而不多说了。"[1] 思想的沟通，

1 俞平伯：《俞平伯全集》第一卷，叶圣陶：《俞平伯旧体诗钞序》，花山文艺出版社，1997年11月。

是友谊的基础所在，所有的共识是"都说得出同意的理由"。而一旦发现问题，又总是直言不讳。

1982 年，外公写了一篇《杂谈曼殊〈简法忍〉》，在《南洋商报》发表。没多久，他收到叶圣陶的信，对其中的解释，提出异议。外公同意他的批评意见，立刻将叶圣陶的信和自己的回信一并寄给报社发表。

"《谈曼殊诗》—文订误"报刊刊影

他在给报社的信中指出："此文颠倒错误，有附会穿凿之失，谓宜入文章病院作反面教材，而亦颇费心力，存之恐贻误来者，爰录与圣陶见通讯，以代更正，以叶说为是。"勇于批评和自我批评都需要勇气，正是因为他们有这样的勇气，有如此坦荡的胸襟，才使得知识得以更新，才受到人们的尊敬，才会有他们之间深厚的友谊，是他们"平生之一快"。

1975 年，叶圣陶为纪念朱自清开始了《兰陵王》的创作，为这首词，两位老人信件往返无数，有时竟达到每日一封：

平伯吾兄赐鉴：年前接复书，诵"忆及佩弦在杭州第

一师范所作新诗耳"之语，怀旧之感顿发而不可遏，必欲
有所作以宣之。缘近与兄商讨兰陵王，决意用此调……

今录草稿于他纸，乞兄严格推敲，或提示或改易，均
所乐承，总望此作较为像样。

这是 1975 年 1 月 3 日上午叶圣陶写给外公的信，道出了他
创作《兰陵王》的初衷。紧接着便有 1 月 4 日夜 8 点的信：

平伯尊兄赐鉴：惠书傍晚到，而昨亦有一书寄上，两
书当在邮程中摩肩而过。兄论兰陵王之解析写于弟之钞本
上，是极为欣愿之事……

1 月 9 日又致书：

平伯吾兄，手示并推敲意见于六日傍晚接读，从知烦
兄用脑筋亦复不少。辛苦之中有至乐，我二人共享之，实
为难得……

1 月 23 日信中说：

俟拙稿初改完成，仍当寄呈裁酌。或请驾临小饮，或
会于新侨。最后期得一晤，逐句对面商定，想必蒙许可也。

为一首词的创作，信件来往无数，而最终还是需要"逐句对面商定"，是多么的认真啊。

在这里，我想不厌其烦，将我的外公有关《兰陵王》修改意见的原文附于下，这不仅是一段文坛佳话，更可为叶圣陶先生的研究，提供一些线索。

俞平伯为叶圣陶所作《兰陵王》提修改意见

（一）叶圣陶初稿

猛悲切，怀往纷纭电掣。西湖路曾见恳招，拨桨联床共曦月。频番遇又别，常惜深谈易歇。相逢候杯劲互殷，君辄沈沈醉凝睫。

分襟意还惬，便讲座多勤，瀛路遥涉。鸿鱼犹与传书札，当八表尘黯，万流波涌，成都重复晤叙接，是无上欣悦。

凄绝，怀言说。记约访江楼，凭眺天末。今生到此成长别，念挟病斟稿，拒粮题帖。斯人先谢，世已改，未暂瞥。

（二）1975 年 1 月 6 日俞平伯致叶圣陶信（部分）

拟改辞句另列一表，未必皆有用，可供酌取耳。其中移动处亦有尚惬意者，览之自知。如更来书商榷，则尤有切磋之乐。

238

1．"承致恳招"自知勉强，所以然者，一欲纪实，二拘四声。所谓纪实，当时往"一师"短期任课，盖由佩之力劝。尊改"频作携游"自好，然少招邀之意。弟此时尚未想到如何改。倘蒙允，弟愿意代为造句，感之无极。（留出空白地位，敬请批示。）

弟未想到此指佩约至"一师"任课事，漫谓是湖上游耳。若径指湖上，则"联床"便无着落，那时亦稍稍察觉，却未想下去。今谓此句恰当，竟不可改！上句可改为"西湖路"或"杭州路"，迳用地名，尤为概括，合于事实。

2．亦曾想到"打桨"，惜"打"为上声。拘于周之用"拂"字，故作"拨桨"。不改如何？"拨桨"不如"打桨"自然。疆村于此句作"零乱春丛换凄碧"，"零"平声，则似可不拘。"打"字较好，然否？

3．依尊改作"相逢又间阔"，"阔"字调到此处，俾后面可用"长别"，钦佩之至。弟原意谓多次聚首，多次分别，因而又欲改为"相逢屡间阔"。"屡"字上声，查杨易霖《周词订律》，于"望"字旁加"上去互通"之符号，故易去而用上。北恒欲拘于事实，殆亦是病。"拘于事实"只是更难写些，并非病。"属"字好，与"常惜"句相应，启下得力。

4．依尊改用"明灯坐"，很漂亮。稍惜只说夜饮，而拘于事实，则佩于昼间沈醉事亦不少。（"相逢候"原句无病，只是与改本上文重出耳。着重在夜饮，不妨午醉。如不另拟"明灯坐"似可采。或改作"擎杯际，酌人作平劝互殷"可否？）

5.原句"分襟意还惬"自知勉强，意思只是分别也算不了什么，因为书函常通。俟再行思索。敢恳亦代为考虑。

6.遵改"讲舍"。

7.最好用"鲤鸿"，惜"鲤"为上声。"鳞"与"鸿"更不平等。弟此意近于牛角尖乎？"鸿鱼"不改如何？"鳞鸿"常见。"鸿鱼"自可。

8.遵改"乍八表尘坌"。

9.本想用"蓉城"，既而想"成都"之"城"与后之"成"字不妨重用，故用"成都"。今兄亦提"芙蓉城"，因又拟用"蓉城"。"重复"之"复"去声，又也。"晤叙接"自知勉强，盖拘于"去去入"之故。今拟放松些，改为"馨刻接"（上去入）。全句为"蓉城重复馨刻接"。请审定之。

10.遵改"是何等欣悦"。"何等"大胜"无止"。

11.遵改"长别"。朴初建议此句改"那知此会成长别"，彼似于"今到此"分量重。乞裁定之。（原句甚佳，篇中之主也，不宜动。赵改句虽妥，却嫌软。以为然否？）

12.原用"挟"字，缘周于此处用"月"字。又觉"挟病"生辣。"修草"遵改。（不改，是。挟病有刚强之气，忍病则弱矣。）

13.拟保留原句，能邀许可否？（弟曾想到"斯人也而有斯疾也"，伯牛之疾，先儒以为非佳，故前云尔。其实亦有些过敏。正不必关连。原句分量重，宜存之。）

14.将近解放之候，蝦佩遽谢世，一切新气象新事物全无所见，此最为痛心事。惜此处只余六字，不能容纳此意见。兄改"世事远"，意嫌不明。今似改为"世运转"，似较原句"世已改"好些。"改"可能改向坏的方面，"世运转"则定是好转也。敬乞裁定。《周词订律》于"似"字帝加"上去互通"之符号，"世运"去去固无碍，而"运转"则去上也。"世运转"含蓄欠醒豁。尊评极是。"世运转"确比"世已改"好，弟亦想到"运"，却遇"命运"之嫌疑，又是过敏处。"运动"今日常用，故无碍也。去上声合律。

就这样，在二老的共同努力下，最终完成了《兰陵王》的创作。这是一首非常精彩，充满情感的好词，不可不读：

兰陵王

1974岁尽前4日，平伯兄惠书言，瞬将改岁发新，黎旦烛下作此书，忆及佩弦在杭第一师范所作新诗耳，佩弦之逝，已二十余。览此感愈邻笛，顿然念之不可遏，必欲托之于辞，以志永怀。连宵损眠，勉成此阕，复于平伯兄反复商讨，屡承启发，始获定稿。伤逝之同悲，论文之深谊，于此交错，良可记矣。

猛悲切，怀往风云电掣。西湖路，曾见恳招，击桨连床共曦月。相逢屡间阔，常惜深谈易歇。明灯坐，怀劝互殷，君辄沉沉醉凝睫。

离愁自堪豁，便讲舍多勤，瀛海遥涉。鸿鱼犹与传书札。乍八表尘坌，石流腾涌，蓉城重复謦欬接。是何等欣悦。

凄绝，怕言说。记同访江楼，凭眺天末，今生到此成长别。念挟病修稿，拒粮题帖。斯人先谢，世运转，未暂瞥。

叶圣陶《兰陵王》手迹

随意翻拣《兰陵王》创作期间外公致叶圣陶的信，可知二老为完成此作所付出的心血，用字斟句酌来形容，绝不过分。

242

相信，凡读过以下几封信的人，都会为他们严谨的治学态度所感动：

> 1975 年 1 月 6 日圣陶吾兄：二、四日先后两函，新词一举俱得浣诵，欣慰之至。不意弟之一言触君思旧之怀，闻之既喜且惊，喜得文心针芥之契，惊者，致损我兄几夕眠。顷审动定已一是如常矣，为慰为歉。老年人不宜于寝时多费心，将初念打断，斯诚良法也。然枕上每易于构思，弟亦能言而不能行者……
>
> 拟改辞句另列为一表，未必皆有用，可供酌取耳。其中移动处亦有尚惬意者，览之自知，如更来书商榷，则尤有切磋之乐。

信中所提到的"另列一表"，分为"原作""拟改"和"附记"三栏，有 14 条修改意见，他还另写了 3 张信纸，分别对每一条意见做了详尽的阐述，是极其认真的。

1 月 26 日他又有信给叶老，信中说：

> 雏诵兰陵王词，各问已条对，未卜能及格否？风格骏上，表情醇甚，尊作均然，此篇尤为突出，绝非阿其所好。原草宜存其真，若弟之涂沫聊备葑菲之采耳。如何定夺，竚盼续示。弟亦拟写数份，分贻友生，稍广其传，可乎？

约晤最欣。市肆人多难得畅谈，仍拟于旬内趋前……

1月31日的信中，他再次提出了补充修改意见：

圣兄赐鉴：昨函谅已览，顷又想得二字，可以奉告：
（一）"拨"弱"打"显得粗些，当是"击"。击桨或击棹均
可。（二）"怀惬"前已拟改"惬"为"豁"。但"还豁"，
仍觉不顺，（字音亦不好听），推其故，殆由于与下文"犹
以"之犹相犯，"还"亦犹也。故拟改为"堪豁"言其尚可
排遣，与前次来书云之言相合矣。即先告知，不及误星期
日。余容晤谈，不一。

即候刻安　弟平

两位文坛巨匠，能如此坦诚相待，"取长补短，互相切磋"，
实难能可贵，他们的"至乐"正在"严谨"之中。

对他俩信件往来的频繁，外公曾用"恰似乒乓复往来"形
容，可谓传神。此后，他们在信中也多次引用，成为趣谈。

叶圣陶：五日晚手书，六日乃作答，殆是两年来所仅有。
此可譬诸来球非急拍，故回球亦缓。

本月十六日敬读。写字益难，须左手持放大镜方能看清。
故"回球"恒迟。

俞平伯：圣翁吾兄赐鉴：十三日手教承悉，缓拍银球，迹多逸致，总无非闲笔墨耳。

叶圣陶：诵上月二十八手书，内容丰富，应接不暇，此球良不易回。

昨奉手教，回球甚紧，以少许胜多许，不胜佩慰。

其实，书信往来对两位老人来说并非易事，外公在第一次中风之后，右手尽管恢复得不错，但写字仍有吃力之感。而叶老因患眼疾，写信"均须左手持放大镜方能看清"，提笔就更吃力。尽管如此，"银球"往来未曾间断。就在外公中风不久的 10 月 18 日，叶圣陶致函：

平伯兄：前日湜华来，言兄已能起床就书桌坐，可证尊体恢复能力之强，所服药与扎针治疗之有效，深为欣喜。老年朋友此类欣喜，或非青壮年所克体会。常欲走访而未果，下周得伴必当一访。心有此愿，违之难受。此书不期赐复。再迟一个月，必可一去一回，重打乒乓矣。敬请痊安。

叶圣陶和外公在南沙沟俞寓所

外公是个"粗心"

人，他自己的物品从来都是胡乱堆放，唯将叶老的书信妥为收藏。叶老则是"细心人"，外公给他的信，看过后便贴在本子上收起来，有厚厚的几大本。

叶圣陶（左）俞平伯（中）与章元善在叶宅

由于年迈多病，二老一年之中晤面最多不过三四次。每次相聚，对他们来说都是一件大事，总要兴奋很长一段时间。每次动身之前，外公总是早早收拾停当，坐在客厅等车来

顾颉刚（左）、俞平伯（中）、叶圣陶相聚

接，并把要带去的诗或文章装在一个纸口袋里，对陪同前往的人叮嘱再三，唯恐忘记。而叶老在家里也是早早恭候，临别之际，又一定要家人搀扶送至廊下，握手惜别。因为二人耳聋，所以谈话很吃力，我和叶老的孙媳兀真就各坐一旁，当他们的传声筒。叶老知他喜吃，逢留午餐，早早的就要亲自过问吃些什么，所以每次的饭菜也就格外丰盛。此后，叶老因病住院，外公多次探视，尽管只握手无言相对。

在叶老寓所的庭院里，有一棵很大的海棠树。五月初春，花开繁茂，粉红一片，蜂蝶飞舞嬉戏，好是热闹。每年海棠花开的时候，叶老一定会邀外公和他们的好朋友顾颉刚、王伯祥、章元善共同赏花，被称之为"五老赏花会"，而最后一次赏海棠，因王伯祥、顾颉刚先后去世，仅剩了三老。

平伯兄尊鉴：……奉邀来敝寓小叙，或在十二日，或在十九日，看海棠花如何而定。

十二日虽雨，尚能共同一望雨中海棠。今年花榭特迅速，若延迟到十九日则落矣。

上月十二日摄影于室中，仅二幅尚可，今寄上，为今岁看海棠之纪念。

关于海棠花会，在他们的诗中也有记述：

> 西湖少年初相见，歇浦鸿光作比邻。
> 周甲交情回味永，海棠花下又今春。
> ——叶圣陶七绝四首之一
> 海棠稍腕晚，天气渐清和。
> 并立花间影，心期快若何。
> ——俞平伯海棠诗
> 移从灵鹫瑶华远，传作轮王瑞应看。
> 惊喜翩然开夕秀，秋窗留醉话苍颜。

（同座有旧友伯祥、元善、颉刚，年皆长于余）
——俞平伯秋夕叶圣陶招饮看昙花

在叶老病重期间，仍惦记着春天的"海棠花会"。最后一次外公往医院探望时，叶老仍"盼能在海棠花开之前出院，可在家中小聚"。他们盼望着，却未能如愿以偿。这段时间，外公既收不到叶圣陶的信，

五老海棠花会，后排左起：叶圣陶、章元善、俞平伯。前排左起：顾颉刚、王伯祥。

又不可能常去医院，只有不断要家人打电话询问叶老的病情。当得知叶圣陶逝世的消息后，他一言不发，竟连一篇悼文、一句话也说不出！叶圣陶的逝世，使他失去了能在学术上与他切磋的最后一位挚友。

叶老为外公所做的最后一件事，是为他的《旧体诗钞》作序。对这本诗钞的出版，他十分关心，并多次与出版社联系，催问出版日

医院探望。左起：叶圣陶、韦奈、俞平伯

期。由于时间拖得很长，待要写序时，他已经卧病不起，不能亲自动笔了。在病情稍有好转时，他将大意口述给我的母亲，等她写好后拿去读给他听，却不满意，要留下容他细思。后又由他的孙媳兀真逐字逐句念给他听，直到听明白，改妥为止。

在《俞平伯旧体诗抄序》中有记录：

叶圣陶写给我母亲俞成的信

五月二十三日，承蒙平伯来病舍探望，并且商谈作序的事，令爱成同来。关于作序，我随口说了些并不连贯的意思。成边听边速记，到第三天她就把整理好的记录稿送来。由于伤风感冒，每天输液，耽搁了好些日子，直到最近，才嘱孙媳兀真把记录稿念给我听了好几遍，直到我完全听明白并且记住了，然后加以增删移动，由她记录下来，成为这篇修改稿。每天能集中心思的时间极短，这回修改经过八九天才完工，一并记下。

一九八五年七月十四日

答谢圣陶为题《古槐书屋词》

早年相许作新词，晚岁相逢更论之。

此是平生之一快，山歌几首乞君题。

令人遗憾的是，待这本诗集出版时，叶老已谢世。外公拿到样书后，极伤感地对我说："你叶公公不在了，出这书还有什么意思！"

外公与叶圣陶六十余年的交往，情深谊长，贵在相知相敬。正是那种视苦为乐、孜孜不倦的精神，使他们的友谊得以不断升华，进入了"难以言传"的境界。

外公与叶圣陶在海棠花下的最后合影

王伯祥

王伯祥（1890~1975），著名史学家、文学家、出版家。

王伯祥在"五老"中排行第一（王伯祥、章元善、顾颉刚、叶圣陶、俞平伯）。因晚年视力很差，又多病，因此走动起来很不方便。他一直住在北京朝阳门南小街小雅宝胡同的

王伯祥

一个四合院内，离我们家很近，往来方便。后来我外公住在建国门外，两个人的年纪也越来越大，交往也因此减少了许多。

王伯祥与外公同在中国社会科学院文学研究所工作，是好友又是同事，长我外公九岁。他选注了《史记选》；为《四库全书总目提要》断句复校，为这一文献的出版做出重大贡献；完成了《增订李太白年谱》……他与外公虽为同事，但因为俩人都不用每日上班，所以在单位能见面的机会不多。因此，在叶圣陶家每年一度的"五老海棠花会"便显得格外重要。

辛亥革命期间，王伯祥曾在苏州甪直镇县立第五高等小学任教。1917 年叶圣陶也到了那里，中学的同学再次相逢，分外高兴。他们志同道合，立志教育改革，便从这所学校做起。他们自编课本，开办书店，创办农场，开设了博览室、音乐室、篆刻室，修建戏台，使学生扩大了眼界，得到较为全面的发展。在甪直期间，王伯祥、叶圣陶都是北京大学研究国学的通讯研究员。他们与在北京大学读书的顾颉刚、我外公保持着密切的联系，时时关心着"新文化运动"的发展。

此后的 1923 年，郑振铎倡议组织"朴社"，我外公、叶圣陶、王伯祥、顾颉刚等热情响应。为解决新文化书籍出版问题，入社者每人每月要出十元钱，当作经费。文学研究会的刊物《文学旬刊》（后改名为《文学》《文学周报》）自 73 期开始，由郑振铎、俞平伯、叶圣陶、王伯祥、沈雁冰、周子同、胡愈之、谢六逸、顾颉刚等人轮流主编。

每次我外公去看望王伯祥，只要一听到门铃响，王伯祥就迫不及待地喊着要家人快去开门。二老都喜欢抽烟，只是王伯祥没有我外公那么大的"烟瘾"。在供应困难的那几年，什么都要"票儿"，烟卷儿也不例外，王伯祥深知我外公的"票儿"一定不够用，就把他省下的烟票留给我外公。小事一桩，但足见王伯祥的细心与周到。这份友谊没有丝毫的做作。

伯翁：

近日起居如何？为念！昨日中夜忽得短篇亦颇自喜，然不足为外人道也，另纸录博一笑。弟连日赴所，亦殊鹿鹿。本月烟卷，尊处如不用，弟拟购一条，可否，祈酌。琐渎并歉！匆候

近安

> 弟平　顿首

伯祥吾兄：

新岁以来维起居佳胜。世兄来寓携致烟卷感荷感荷，款若干迟当奉教缴。奉访未值为怅。有暇再趋诣。天气寒甚不及一月即交春，阳和在望矣。诸维

珍重，不一

> 弟平　顿首十二日[1]

1　俞平伯：《俞平伯全集》第八卷《致王伯祥》，花山文艺出版社，1997 年 11 月。

　　特别值得一提的是，在外公因《红楼梦研究》而遭到批判的时候，没什么人敢与他有太多往来，只有王伯祥不管那一套，登门拜访不说，还相邀一块儿去游什刹海，在烤肉季吃肉喝酒。这举动在当时可谓大胆。也正是因为有了这次拜访，才能从外公写给王伯祥的诗中，了解到他当年孤立处境的一点儿线索，相当宝贵：

　　　　容庵吾兄惠顾荒斋，遂偕游海子看菊，步至银锭桥，兼承市楼招饮，燔炙犹毡酪遗风，归复偶占俚句，既录似吟教。甲午立冬后一日，北平生识于京华。

　　　　交游廖落似晨星，过客残晖又凤城。
　　　　借得临河楼小坐，悠然尊酒慰平生。
　　　　门巷萧萧落叶深，跫然客至快披襟。
　　　　凡情何似秋云暖，珍重寒天日暮心。

　　"容庵吾兄惠顾荒斋""交游廖落似晨星""门巷萧萧落叶深，跫然客至快披襟"……从"小序"和诗的字里行间，不难看出他当年孤立无援的处境，是当时心境的真实写照，能看出是够绝望了。"悠然尊酒慰平生""凡情何似秋云暖，珍重寒天日暮心"直道出他对王伯祥发自内心的感谢以及从朋友那里得到的安慰。

1975 年王伯祥逝世，享年 85 岁。他的逝世给老外公带来的悲痛是巨大的。1971 年 1 月 4 日给儿子俞润民的信中表达了他当时的心情：

外公挽王伯祥手迹

　　王伯祥翁于去岁除日子时病故，年八十六。我甚悲感，有一挽言写在纸上送去"记当年沪渎出逢，久荷深衷怜弱棣。惜此日京华重叙，忍教残岁失耆英"。此改定稿。二十年代之初，在上海相识。王翁长余九岁。晚年在文学所同事，三十余年。七日将在八宝山开追悼会。

此后他和叶圣陶仍时时惦记着王伯祥，关注着他作品的出版和图书捐赠的进展。

1975 年 9 月 30 日外公致叶圣陶信："伯翁近作《旧学辨》想已得读。"叶圣陶 10 月 3 日复信："伯翁之《旧学辨》已获读，列举旧学所包之广，恐将令问津者却步。"1976 年 1 月 14 日外公信："容翁遗书捐献，极善。文学所接受后，能辟一室展览尤为理想，却恐其无闲房耳。"两天后叶信："文研所尝允为伯翁之书辟一室，惟言今尚未能，期之他日。所中于此事甚见优异，伯翁诸子女咸深感激。"[1]

友谊原来本该是这样的。

章元善

章元善

章元善（1892~1987），江苏苏州人。1915年毕业于美国康奈尔大学文理学院。曾任南京国民政府实业部合作司司长、经济部商业司司长，中国国际救济委员会驻会常委。1953年任欧美同学会理事长。

在"五老海棠花会"中，章元善排行第二，同是王伯祥、顾颉刚、叶圣陶的挚友。

章元善是我国著名藏书家、校勘学者章钰之子。章钰储书万册，藏书处题名"四当斋"。这个堂号取宋尤延之以书籍"饥当肉，寒当裘，孤寂当友朋，幽忧当金石琴瑟"之语。章元善自幼便受到"四当"精神的教育，为人正直，刚直不阿，办事更是一板一眼，十分严谨。尽管他可以讲一口流利的英语，但总是布衣打扮，平头，绑腿裤、圆口布鞋、

---

1 《暮年上娱——叶圣陶俞平伯通信集》，花山文艺出版社，2002年。

布衣长衫，新中国成立后也只是一身普通布料的中山装。章元善的前半生，多与洋人、商人打交道，周旋于所谓上流社会，但他没有外财，也没有产业，他曾开玩笑地与家人说："我这一生什么财产都没有，只有苏州祖坟一块地，和兄弟四个。"可谓清贫。据说一次有歹徒入室抢劫，以为家藏万贯，却只搜罗到60多元现金及一些衣物。张老有着极强的个性，"公私分明"到装邮票都有两个信封，一个是公家的，一个是私人的。写私人信件，绝不会动用公家的邮票，也真够"极端"的，却是他为人的原则，要都能像他这样，哪儿还会有贪污腐败。也许正是他的这种"布衣风格"与我外公的性情有着许多相似之处，二人情谊至深。章元善喜爱昆曲，是北京昆曲研习社的会员，尽管他嗓音沙哑，很少演唱，但每逢"曲会"他必出席。1975年，喜爱昆曲的美籍华人项馨吾从美国归来，拜访我外公，他请来了约20位曲友，章元善也在座。那天，我们位于北京三里河南沙沟的寓所宾客满堂，管乐悠扬，充满了欢声笑语。外公即兴撰联："万里归来一支笛，数翁相逢三里河。"

章元善夫人张绍玑，小章元善3岁，裹足。是一位贤达、聪慧、知书达理的女性。章元善夫妇有6个子女，其中长女章琴，与我的妈妈是西南联大住一个宿舍的同学，属于"闺蜜"级别。因为章琴在郑州工作，我妈妈经常要去位于东城区锡拉胡同的章家看望两位老人，是二老的"小朋友"。

1971 年 5 月 14 日润民览：十一日中午，约章元善夫妇及其第四女携外孙女来午饭，我们与章家二老，四人合成 307 岁，章最长 80 岁，张夫人与汝母同岁 77，我则 73 岁，在最幼之列。此会亦颇非易也。

章元善 80 岁生日时作诗《学习散后步归自寿八十》，外公在 1971 年 2 月 2 日写给俞润民的信中写道：

日前章元善来，见示近作，题为《学习散后步归自寿八十》，且索和。原诗韵脚难用，另作了一首七律应付之。章对我惓惓，六九年曾到旧寓相送，不作诗亦不可。诗如下：

章元善兄见示《八十自寿诗》

答赠一首

与君垂髫称昆季，黄发相期晚节妍。
双寿八旬夸俪福，通家六叶喜联姻。
神愉体健今犹昔，人老心红后迈前。
我愧一年参干校，习劳胼胝让兄先。

待到章元善九十诞辰，又赠诗一首：

外公贺章元善寿辰手迹

寿章元善兄九十

与兄世谊迈朱陈，看到寒家七辈人。

觅句商量文会友，移居新近德为邻。

齐纨一握思椽笔，翠墨双题驻晚春。

黄发颐年如许绍，相随撰杖乐吾真。

1987年章元善逝世，享年95岁。与夫人相伴71年。

俞振飞

　　俞振飞（1902~1993），著名京剧、昆曲表演艺术家，工小生。名远威，字涤盦，号箓非，原籍江苏松江（今属上海市），生于苏州义巷。出生在昆曲世家，父俞粟庐为著名昆曲唱家，自

俞振飞

成"俞派"。俞振飞的妻子为京剧旦角演员言慧珠。俞振飞曾任上海市戏曲学校校长、上海昆剧团团长、上海京剧院院长、中国文联副主席等职。

俞振飞是昆曲界的泰斗，外公对昆曲研究的造诣亦是人人皆知，两人相互往来就成了很自然的事。

因俞振飞居家工作都在上海，因此俩人的交往不是很多。但只要俞振飞到北京，昆曲界的朋友们一定会有聚会，我家也成为昆曲界朋友聚会的一个场所。俞振飞的好友袁敏萱女士是有名的票友，她又是北京昆曲研习社的"台柱"，所以，每逢俞振飞到北京，在袁敏萱女士家中定有"曲会"，外公外婆一定会出席，没有例外。那场面十分的热闹，大家根据自己的喜好清唱，笛师曲友会聚一堂，外公很少演唱，多以击鼓为乐。俞振飞和夫人言慧珠自然要为大家演唱，这对于爱好昆曲的人们来说，无疑是最大的享受。

在俞振飞和我的外公外婆的影响下，他们身边的晚辈也多与昆曲结缘。袁敏萱女士的女儿胡保棣，自幼接触昆曲，工青衣，很小就上台表演，她所饰演的杜丽娘可称得上是当年"青春版牡丹亭"的上乘之作。她最终进入上海戏剧学校学习，并在上

胡保棣（后左一）与恩师沈盘生（后中）、周铨庵（后右）在韦梅（前右）、陈曙辉（前左）演出之后的合影

海戏曲学校工作。

我的妹妹韦梅，10 岁左右便登台，她的"游园惊梦""痴梦"，与蔡元元合作的"双下山"等，深受长辈的喜爱，并应康同璧夫人之邀在她家的花园内演出。外公有诗两首及"临江仙"一首：

戏题外孙女韦梅初演《还魂记·游园》二绝句

> 杜姐明妆惜暮春，春香不系旧罗裙。
>
> 空教学步邯郸女，绝倒观场俊眼人。
>
> 雏娃解傍菱花照，扇影钗光偶一新。
>
> 惆怅雨丝风片里，牡丹虽好却迟春。

临江仙

康同璧夫人约曲社诸君于其何家口寓罗园观太平花，赋《木兰花慢》示客，答赋此解。

绕屋繁璎霏雪，清香淑景时和。人宜击壤太平歌。雏娃舒彩袖，霜鬈兴婆娑。

薇浣新词漱玉，休嗟岁月摩诃。好花应喜客来过。莺桃红豆似，秉烛夜游么。

韦梅（左）、陈曙辉（右）演"游园"

我自幼学习钢琴，受外公外婆的影响，无师自通能吹曲笛，经常为他们的演唱伴奏，这让二老分外高兴，有个外孙能吹笛子，想唱就唱，这有多方便。有诗记述：

暮春喜雨，庭前丁香繁开，外孙韦奈索句，漫书示之
丁香树老得花稀，今岁稍修见整齐。
且喜外孙能弄笛，雨中尘梦已全迷。

1981年，俞振飞计划出版《振飞曲谱》，并创新将记谱法由

工尺谱改为简谱。这本曲谱，原意请叶圣陶作序，但因其多病，力不从心，经王湜华先生（王伯祥先生之子）提议由我的外公撰写。外公欣然应允，在写作过程中，也是多次与叶圣陶商量。俞振飞两代人均与外公有深厚的交情，因此为《振飞曲谱》作序，在情理之中。该序细数昆曲的由来与发展，赞扬俞振飞先生"承华家学，驰誉艺林"，字字珠玑：

外公和孩子们在演出后合影

　　昆山腔，南曲之一派，盖明初即有之。及嘉、隆间，太仓有魏良辅者，凤娴旧曲，喉转新声，清唱南词，曰水磨调，以宫商五音配合阴阳四声，其度腔出字，有头腹尾之别，字清，腔纯，板正，称为三绝。古代乐府（包括宋词、元曲）

于声辞之间，尚或有未谐之处，至磨调始祛此病，且相得而益彰，盖空前之妙诣也。其以"水磨"名者，吴下红木作打磨家具，工序频繁，最后以本贼草蘸水而磨之，故极其细致滑润，俗曰水磨功夫，以作比喻，深得新腔唱法之要。吴梅村句云："一丝萦曳珠盘转，半黍分明玉尺量。"柔刚道媚，曲尽形容，若斯妍弄，庶不负此嘉名耳。

磨调始作本是"清工"，及其开展必兼"戏工"。初以之唱《浣纱记》，吴梅村诗所谓"里人度曲魏良辅，高士填词梁伯龙（辰鱼）"是也。其后各传奇用之，声情舞态，海内风行。弦索调及元曲之遗，用七音阶，至明中叶尚存，其后寝衰，亦以水磨调法奏之，而仍用二变声，南北曲遂合，称为昆腔昆曲，而磨调之名转微。

易代以来，翠舞珠歌，风流弥盛。清长洲叶堂字怀庭，承先启后，著有《纳书楹》各谱，总曲剧之大成，为声家之圭臬。其讴窾要，工师密授，旧曰"传头"者，娄县韩华卿得而传之于同邑俞氏，迄今昆曲界犹说"俞家唱"也。

昔吴瞿安师为粟庐丈作家传云："得叶氏正宗者，惟君一人而已。"见渊源之有自，不仅推许之隆也。振飞先生承华家学，驰誉艺林，八秩高龄，恬神宫徵。新编《振飞曲谱》，增广一九五三年旧谱之二十九折为四十折，并附零支若干。譬诸堂庑恢扩，藏益琳琅，鸣鹤子和，声闻远迩已。其曲白要解二篇，鸳鸯绣出，更度金针，要而不烦，曲而能达，此前修所未详，足以兴起来者。旧工尺谱今改用通行简谱，以便青年学习，盖为昆曲前途久远之计也。

若其父作子述之美，声应气求之盛，吾知一编行世，将与寰区人士广结因缘，薪火留传，俾先代元音绵绵不绝，斯真颐年之胜业，岂惟近世之珍闻哉！仆少尽里讴，长惭识曲，承命作序，谊不可辞，菲之采，或有取欤。

1993 年 7 月 17 日（农历癸酉年五月廿八日），俞振飞在上海逝世，享年 92 岁。

粟庐曲谱

十、弟子华粹深与吴小如

华粹深（1909~1981），1935年毕业于清华大学中文系。曾任中华戏曲专科学校教员，中国大学、北京大学副教授。新中国成立后，历任南开大学教授、中国剧协天津分会副主席。

吴小如（1922~2014），1949年毕业于北京大学中文系。历任津沽大学中文系教员，燕京大学国文系助教，北

外公与华粹深（左）

京大学中文系讲师、教授及中国古史研究中心教授，中央文史研究馆馆员。

华粹深1931年入清华大学中文系，吴小如于1945年成为我外公的入门弟子。

在外公身边有许多人，凡是听过

吴小如

他课的，都自称是他的学生，但只有华粹深和吴小如，可以说是我外公承认的。没错儿，华、吴两位一口一个"先生"叫得亲切，吴小如见"先生"更是要毕恭毕敬一个大躬鞠到底。

　　吴小如的父亲吴玉如先生，是著名的书法大师。家学渊源，吴小如拜师在我的外公门下，是吴玉如先生的主张。吴玉如先生在中国书法界有着极高的威望，在古文、诗词、文字方面也有着很高的造诣。赵朴初先生评价吴玉如先生的书法是："玉如先生书，龙腾虎卧，意态不可方拟。"启功评价："三百年来无此大手笔"，"自董其昌之后无第二"……他

吴玉如（1898~1982）

的成就影响着吴小如，加之吴小如聪慧过人，并得到我外公的"真传"，使得他无论是在中国古典文学方面，还是在书法上，都卓有建树。

　　华粹深在几十年的教学工作中，始终从事着戏曲创作，先后创作、改编了近 30 个剧本。搜集、珍藏的数百张戏曲唱片，成为戏曲研究的珍贵史料。他是清华大学"谷音社"的成员之

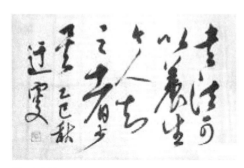

吴玉如墨宝

一，在那里学唱昆曲，自 1931 年与我外公交往，四十余年不曾中断。因此，谈昆曲、唱昆曲，便成为他跟我外公交往的重要内容之一。1957 年他缩编的昆剧《牡丹亭》，经我外公校订后，由北京昆曲研习社搬上舞台，主要演员由曲友名家袁敏萱、周铨庵、张允和、范崇实等担纲，特请上海朱传茗、张传芳、沈传芷、华传浩指导排戏，在纪念汤显祖逝世 340 周年时在文联礼堂上演。1959 年，又作为新中国成立 10 周年的献礼，在长安大戏院公演，获得成功。这个活动，可说是他们师生的一次重大合作。

除昆曲的交往之外，外公与华粹深还有着一层"邻里关系"，是因为我的舅舅一家定居天津，与华粹深同在一市，平时往来不断。我舅舅喜欢做菜，经常会做点儿好吃的约上华粹深到他家中美餐一顿。外公外婆偶尔去天津，华粹深是家中必到的常客。外公与华粹深的合影，就是在天津我舅舅寓所拍摄的。这在外公 1974 年和 1975 年两次赴津的日记中都有所记述：

1974 年 5 月 24 日乘公车抵哈尔滨道润寓门首。正华因血压高在家。粹深夫妇晚饭后去。

25 日后由润民陪同到八里台华粹深处，晤其夫人，十一时返寓，无轨车直达，颇方便。

1975 年 2 月 6 日于五时五十分抵天津东站，润儿、李孙、华栋来接，乘公车于六时许到哈尔滨道。晚粹深来共饭。

8 日粹深来，吃小西餐，晚饭后去。[1]

1981 年 1 月，外公 82 岁，华粹深病逝，年仅 72 岁。这意外，令外公悲痛万分。同年 8 月，华粹深的学生们筹备为他编一本《华粹深剧作选》，请外公作序。"小序"不长，但把他们的交情写得明明白白，清清楚楚：

我国戏剧自元明以来，别起新芬，蔚成大国，以其兼歌唱、身段道白诸美，绘影绘声，深入而浅出，较其他文艺之感人，盖尤为直捷也。近世更注重教育意义，支芜存精，遂有戏剧改革之创举，百尺竿头更进一步矣。

粹深教授兄系名门，长而笃学，于旧京名剧博闻多见，粲花评泊如数家珍。与寒家有世讲之谊，肄业清华大学中国文学系时，黍同砚席。主讲南开大学三十年，及门桃李，

1　俞平伯：《俞平伯全集》第十卷，花山文艺出版社，1997 年 11 月。

彬蔚称盛焉。

余缔交于君，始自"九一八"，海桑屡易，共保岁寒。在清华园时，同嗜昆曲，结谷音社。及五十年代，又偕君改编《牡丹亭》，缩全本为一剧，由京中曲社试排，于一九五九年参加建国十年庆祝献礼，在北京长安戏院演出两场，舆论称可。此《记》流传日久，前后轻重不匀，今本删繁就简，不免顾此失彼。而为吾辈共同参与"戏改"之一事，则可记也。

君寓居天津，与小儿润民同在一地，往还密迩相契。予与老妻亦曾访贤夫妇于南开校舍，偕同游酿饮，至乐也。每期后会，讵意曾几何时，遽尔长别耶！君年甫中寿，不获于明时展其素抱，增采艺林，志长运促，恸惜何言！身后及门诸子辑其遗著曰《剧作选》，有新京剧、改编河北梆子、"听歌人语"等，凡三十万言。予观场时稀，于"戏改"茫无津涯，不胜评介是书之任。勉缀教语以充喤引，兼志吾人之交谊于毋忘耳。

吴小如在北京大学任教，与我的外公的往来就方便了许多，是家中的常客。有他在，往日清静的客厅顿时热闹起来，他的嗓门很大，师生谈到了兴头上，房间里就笑声不断。如果赶上华粹深到北京，吴小如必到，师生们常在"翠华楼"或"森隆"吃饭，启功等也是座上客。吴小如每次见老师，特别会抓紧时间，把要问的都搞个明白，他们谈古论今，总有说不完的话题。可能是受我外公外婆的影响，吴小如也爱好昆曲，虽很少唱，但逢北京昆曲研习社活动，他都会出席。

1990 年外公逝世后，当家人讨论如何撰写碑文时，无意中在他的书桌抽屉里发现他亲笔拟好的碑文："德清俞平伯杭州许宝驯合葬之墓。"这该由谁书写？大家一下子就想到了吴小如，打电话给他，没有推辞，说乐于为先生做最后一件事，只是希望给他一点儿时间，把字写到最好。如今，这碑文已立于北京西山山麓的福田公墓外公外婆合葬墓前。

1992 年，吴小如编辑出版了《俞平伯美文精粹》，序言中牵涉到外公文风笔意有受晚明小品的影响，其实这并不是吴小如一人之见，也是多数人的认识。但外公并不以为然。吴小如在"序言"中特别说明了这一点：

　　文章脱稿，先请平伯师过目。拙文中涉及先生散文的渊源和特点，窃以为先生的文风笔意有受晚明小品影响的地方。先生阅罢，对此深表异议，并坚嘱我把这一论点删去。为这件事，先生曾同我长谈半日，详细描述了他平生读书写文章的经历。先生说：儿时读四书、五经，比较喜欢《论语》和《左传》，且背诵得很熟。稍长则治《昭明文选》，对写骈文下过一定功夫。后来作文章，大都得力于六朝文。如果说自己的文章受这方面的影响还比较沾边儿。至于晚明和清人小

《俞平伯美文精粹》书影

品，尽管自己整理过《陶庵梦忆》和《浮生六记》，兴趣却并不尽在于此。不少人认为自己写文章有明人风致，那是由于周作人是自己的老师，他喜欢晚明小品，于是便以为我也同他一样了（以上是谈话大意）。先生还对我说："你是我的学生，应该理解我，而且要为我把事情搞清楚。"所以在后来正式出版的《俞平伯序跋集》里，我尊重并接受老师的意见，在序文中把这层意思删掉了。

……其次，平伯师在 1984 年对我说的那番话，我在这次编选先生美文的过程中才真正懂得，并心悦诚服地相信了。因为先生散文的主要特点，乃是具有丰富的辞藻和秾

《古文精读举隅》书影

丽的色泽，这只有从六朝人的文章里才找得到它们的源头。试以周作人和林语堂这两位散文同平伯师的作品一比较。尽管他们两位都是奉晚明小品为圭臬的，可是他们的文章却缺乏绚丽的词采和色泽，更没有看似信手拈来而实则煞费推敲写成的骈文的胎息与句式。如果我们读了平伯师一些纯属骈四俪六的作品，就更能证明他对《昭明文选》确下

过扎实的基本功，而不是以冲淡洒脱为特色的明人小品所能比拟的。

这段记述十分重要，应当是研究我的外公散文时特别需要注意的问题之一。

1997 年《俞平伯全集》出版，吴小如有"题先师《俞平伯全集》"二首，并自注，如下：

题先师《俞平伯全集》二首

吴小如

桨声灯影秦淮水，
西子湖滨月老祠。
花烛重圆真绝唱，
漫言枯寂晚求诗。

旧时月色映尘寰，
词到清真释最难；
曲尚义仍诗老杜，
红楼功过等闲看。

吴注：

第一首，首句谓"桨声灯影里的秦淮河"，先师散文不朽之作，载《杂拌儿》；次句谓《燕知草》，亦先生散文集。第三句，谓先师晚年长诗《重圆花烛歌》；第四句，先师壬午岁有《危邦》五律，颈联为"艰难初识字，枯寂晚求诗"二句。

第二首，首句"旧时月色"，借用先师说《红》题目；次句指《清真词释》；第三句，言先师平生于杜少陵诗与玉茗堂曲有深嗜（汤显祖字义仍，《牡丹亭》初名《还魂记》，《临川四梦》中最杰出者）。先师论著分别见《全集》卷三、卷四。先师屡言，平生不愿以"红学家"自居；1954年，以《红楼梦研究》无端受谤，而先生处之泰然。故俚诗末句云尔。

岁次戊寅清明前二日，于参加《俞平伯全集》出版座谈会后偶题。

吴小如对老师的钦佩流露于字里行间。"先生屡言，平生不愿以'红学家'自居"，知先生者吴小如也。

写到这里，很自然地想到，外公与华粹深、吴小如亦师亦友的关系，与当年胡适、周作人和他的关系何等相似，这或许正是一代宗师的人格魅力所在。

十一、邻里与忘年交

蒋雪瑛一家

在老君堂那几进几出的四合院里，住着蒋雪瑛（1915～1999）一家人。蒋雪瑛这个名字，在外公的家书和日记中随处可见。

蒋雪瑛八十寿辰

1971 年 2 月 2 日

润民：览近日不断有一客，许、郭二家亲戚外，更有章元善（我行时他来送别，今年八十矣，甚健）、蒋雪瑛、念劬。曲会中人尚未有来者。

1981 年 9 月 6 日　润民：来信收到……四姨即将到郭二嫂处小住数日，然后偕雪瑛住三姨母新居，以待她十七日晚来京。

1983年6月17日　润民：行后十四日晨汝三、四姨母来，六舅母继至。以有行厨雪瑛，红烧鱼、烧茄子均美。饭后各去。

1983年9月14日　润民：汝姊去银川，约二十日归，届时你或来京。雪瑛来庖代，甚佳，且为我稍整居室，室温摄氏二十三度，睡盖薄被。

（1976年）六日（十一）**晴　风**

上午蒋雪瑛挈其小外孙女关悦来，以其楼居高，住棚内。下午朱复来，知张允和等已去沪苏。写前录词给润民。地震仍有传闻，姑听之。

（1976年）十二日（十七）**阴**

午前又传震讯，云即在十二时与下午二时，却非官报，谣言可疑。摘抄《齐物论》。傍晚雪瑛携来上海黄定慧书，已十数年不通信。阅《地震问答》。与裕德谈。

蒋雪瑛一家自我的太外公举家北迁居住北京老君堂寓便与之同住，在前跨院的3间北房里，恰好与我的太外婆的后窗相对，只要有事，敲敲玻璃蒋雪瑛便知老人有事叫她过去。蒋雪瑛弟弟蒋念劬一家住在侧跨院的南房里，与外公的书房相对。至于蒋雪瑛一家是怎样随俞家搬迁至北京，始终没有个准确的说法。应当是她的祖辈曾在我家做事，与我家亦有着几代的交情，也就随着北上了。自搬到北京后，蒋家便不再为我家"打工"，但我的太外婆的起居仍多由蒋雪瑛帮忙料理，也实在是因为她离不开这位细心周到体贴的女人。

蒋雪瑛与我母亲俞成在一起

　　蒋雪瑛与我的母亲、姨母一起长大，是一生的好友，如同姐妹般。她幼时没有机会入学读书，读书识字由外公指引，所以她称我的外公外婆为"先生""师母"。

　　蒋雪瑛嫁给胡姓孟柔先生，生有两个女儿，胡祖桢和胡祖贻。儿子胡祖期虽不是蒋雪瑛亲生，却视为己出，母子、兄妹感情非同一般。胡孟柔因病早逝，她一手拉扯着三个孩子，更要照顾她年迈的老母，一位同样善良可亲的老人。这使得她一家的生活，在相当长的一段时

左起：蒋雪瑛、俞润民、外公、陈正华

间内都非常艰苦。生性好强的蒋雪瑛自立自强，在位于王府井的一间医院找到会计职位。为能够更好地适应这个工作，她拜我的母亲为师学习打算盘，甚至从乘法"小九九口诀"背起。为能读懂药方，她还在我的母亲的帮助下自学拉丁文，虽很有限，但应付工作足够。功夫不负有心人，她干得十分出色，直到退休。天生聪慧的她，早年曾追随我的太外公俞陛云，后拜师徐北汀先生学习国画，称徐北汀为先生。她的山水、工笔都有一定的功底，闲暇之时她就在我太外婆的房间里铺上宣纸作画，老人偶尔会从旁指点。

"文化大革命"后，她一家人陆续搬离老君堂寓所，但始终未曾与我家断了联系。外婆的三妹、四妹晚年都依靠着她精心细致地照顾，两位老人根本离不开她，总是陪伴在左右，到我家探望，也都是蒋雪瑛陪同。在外公的书信和日记中，时常会提到雪瑛的厨艺。的确，她做得一手好菜，且都是地道的家乡口味，这就更让外公外婆喜欢得不得了。每到腊月初八外公生日，她都会送来一碗特别烧制的"八宝酱菜"，将野鸡丁、酱瓜、冬笋等炒烩在一起，味道鲜美无比，外公总要珍藏慢慢享用。她的"红糟肉""红烧鱼"等更是拿手，干脆说凡是经她手做出来的菜，就没有不好吃的。所以当我母亲去外地的时候，就会请蒋雪瑛代庖，这自然是美坏了一向喜吃的外公。更何况蒋雪瑛照顾周到，也使得外公外婆打心眼儿里喜欢她。

蒋雪瑛文化水平虽不高，但她的三个儿女在她的调教下，个个成才。长子胡祖期毕业于天津大学土木建筑系，初在中国有色金属研究院工作，后到美国发展。大女胡祖桢毕业于北京外国语学院，"文化大革命"期间全校下乡，后因外交人才紧缺，提前回校分配到外交部工作，此后派驻瑞士、法国、比利时等国。她的丈夫关呈远来自东北伊春的大森林，是从大森林里飞出的金凤凰，最终出任中国驻欧盟使团团长（大使）、驻比利时王国大使，现为全国政协委员。夫妻二人比翼双飞，事业做得有声有色。二女儿胡祖贻曾在内蒙古插队，后考入中国中医药大学，并留校工作，任工会主席等职。三个儿女在蒋雪瑛含辛茹苦地照料下长大成人，他们在事业上的成绩使蒋雪瑛感到无比的欣慰。晚年因身体较肥胖，加之骨关节疼痛，逐渐不能出门，行走也变得越来越吃力。但独立要强了一辈子的她，始终自理，家里也总是收拾得干干净净，偶尔还会做一两个小菜给大家吃。

1999年蒋雪瑛因病辞世，终年84岁。在去世前，她十分冷静地将自己的遗嘱录音留给子女。她平静地讲述了自己的一生，讲到了她看着儿女长大成才的幸福与满足，并安排将骨灰撒入她一生最爱的颐和园昆明湖中。

粼粼昆明湖水拥着她，西堤绿柳拢着她，紫丁香白玉兰为她开放，鸟儿为她歌唱，歌唱着这位普通、善良的女人。

忘年交潘耀明

1986年，外公与潘耀明在香港

潘耀明（彦火），香港作家联合会主席，香港《明报月刊》总编，《国学新视野》《明报副刊》特约主编。外公的忘年交。

在外公弥留之际，一天下午，他突然把我叫到床前，抬起右手指了指他存放零用钱的壁柜，用含糊不清、断断续续的碎语说："拿出……二百元钱出来。"我不明其意，忙把钱送到他的眼前："送给……送给写文……文章的人……""写文章的人很多，你要给谁？"我大声询问着，他却反应不过来，只是不断地重复着同样的话。于是我把能够想到的，与他相熟的"写文章的人"一一数念给他听，当他听到潘耀明的名字时，他点了点头："就……就……给……潘。"我紧捏着手中的钱，激动得热泪盈眶。二百元，这数目太小了，然而弥留之际的他仍流露出对"写文章的人"那份真感情！在这样的时刻，他还惦记着他的朋友，惦记着这位他的忘年交。

2006年我所著《我的外公俞平伯》一书在团结出版社出版，请潘耀明为之代序。在这篇题为《小燕子的梦》的文章中，潘耀明深情地讲述了他与我的外公忘年的友谊。

小燕子的梦（代序）

彦火

一

1990 年巴黎时间 10 月 16 日凌晨 5 时，我在巴黎客寓睡梦中给电话响声惊醒。

拎起电话筒，传来家人感伤的声音："俞平伯的外孙打来电话，让我通知你，俞平老逝世了！"

我握着电话筒，愣了好一阵子，才嘱内子代打电话给俞平老的家属致以慰问，并通知韦奈兄代送花圈。

虽说巴黎的时间比香港早了七个小时，但，当内子再来电话时，说俞平老已立刻火化了，我仅剩下聊以表达遥远哀思的一点点虔诚竟已晚了！

那一天透早醒来，瘫在床上，俞平老的音容历历，拂之不去。

那年 9 月初去探望他，我已有某种预兆，所以临离开北京那一天，又去看了他一次，还料不到他走得那么快。

当时的他，迹近"植物人"，除了保姆一天两餐抱他起来喝稀烂的粥水，他一直躺在床上，浑然不觉。连他平素最疼爱的外孙韦奈，也不知道他在想什么。

"他的离去，未尝不是一种解脱。"

他来得孤寂，走得也孤寂，连一句话也没有留下。

他逝世后立即火化，是他早年向家人所作的叮嘱。

一代红学大家、一代文学宗师，丢除了一切繁文缛节——不要说隆重的追悼会、告别仪式，连他的友人向他表达悼念也来不及。

他孑然地走了，伴着他走的还有那一身坚忍不拔的傲骨！

俞平老的外孙韦奈，4月下旬从北京打来长途电话，说俞平老第二次中风，已呈昏迷状态。又说他与母亲（俞平伯的女儿）苦劝俞平老入医院，老人家怎地不肯。

理由很简单，家里的条件再不好，还是自己的窝。

正如韦奈说："他一生为人正直善良、性格豁达倔犟。"

这也许是俞平老"倔犟"的一面。

二

1990年1月4日是俞平老的90大寿，我曾在香港《明报》专栏写了一篇祝贺文章。

当时俞平老身体已很孱弱了。韦奈每次来信提及俞平老的健康，一次比一次担忧，我是一直捏着一把冷汗的。以后几个月，我所能做到的事，是设法给他捎去一点野山花旗参。

1989年5月下旬赴北京公干，特地跑去看望他，当时他已病卧床榻，举着不灵。我怀着快快心情走出南沙沟俞寓。

过去，每次去探俞平老，都很开心。

快近 90 岁的老人家，每次听见我来，便颤巍巍地从房间走到客厅。他执拗不让家人扶持。在他纷沓的步履中，我感到那份执着，从有点佝偻而矮小的躯体里散发出来。

他喜欢抽烟，一支又一支地抽，每次探望他，我都给他带去一条香烟。

五年前的一次会面，他见到我时显得特别高兴。他告诉我，前几天刚参加清华大学校庆，并在他的好友朱自清纪念碑前拍了照片。

说罢把惟一的照片和嘉宾襟条送给我，我把嘉宾条别在衣襟上。他天真地笑了。

三

我与俞平老的交谊，是从 1978 年开始。那时我对现代中国作家发生了极大的兴趣，俞平老也在被研究之列。

当年，香港的篆刻家许晴野为我介绍了俞平伯先生和叶圣陶先生。其间与俞老通了好多封信，每次到北京，例必去拜访。

俞平老是甘于寂寞的人。自从 1954 年受到点名批判后，很少在公众场合露面，即使在 1978 年内地文艺政策开放以后，许多老作家、老学者纷纷参加公开的文化、政治活动，而俞平老仍然是深居简出。

晚年的他致力于旧词的钻研，闲来与他的夫人许宝驯女士合作谱写了不少昆曲。

俞平老与年长他四岁的夫人是患难与共、恩爱很深的伴侣，1982年许夫人逝世，俞平老作悼亡诗《半帷呻吟》，情意款款。

自许夫人仙游后，俞平老即落落寡欢。某次去看望他，他倏地提起对20年代他到美国考察途经香港的事，对香港十分缅怀。

后来我尽力为之奔走，1986年11月俞平伯应香港三联书店与香港中华文化促进中心邀请，发表对《红楼梦》研究的新见解，轰动一时。

1988年他的《俞平伯论红楼梦》出版，凡77万字，是学术界的大事。这本书我原拟代为在海外出版，可惜未能实现，乃一大憾事。

四

俞平老逝世后，在香港报章上看到一篇文章，谈到俞平伯和梁漱溟之不同，是他"直到死还都是'文艺'的"，而梁漱溟则参过政。

诚然，俞平伯先生是典型的温文尔雅的书生，他是学者，也是文学家。

学者是倾向于理性、冷澈的，文学家则多是热情的拥抱。俞平老在"五四"期间，曾奋力呐喊过，大力倡导"平民诗""民众文学"。

也许这是他受到时代的感召。

但热情平伏后，他又埋首于学术研究——研究他的《红楼梦》和古典诗词。

这是他的本分，始终没有丢弃。

大抵这就是文章所指的"文艺的"俞平伯。

尽管俞平伯自"五四新文学运动"后，几乎没有涉足政治的圈子，但政治却偏偏找上他。

俞平伯是内地解放后三大政治案件（又称"文坛三公案"）的主角之一（其余两个主角是写《武训传》的姚克、"胡风反革命集团"的胡风）。

"三公"之一的俞平伯，相信直到逝世的一天，还不知他为什么会成为"反动学术权威"。

因为他不过是以一个学者求真的态度去研究中国的古典名著。

对他，这永远是解不开的谜。

五

"我们低首在没奈何的光景下，这便是没奈何中底可奈何。"

近来，整理俞平伯先生们的赠书，发现一本他早年的诗集——《忆》，其中有以上的话语。

这本诗集写于1925年，中国内忧外患，文化人在"低首在没奈何的光景下"，去追忆过去的梦——特别是儿时的梦，无疑是"没奈何中底可奈何"。

当时的俞平伯也不过是二十五六岁的光景，已置身"可咒诅的一切"的世界了，因此，他只能暂避于"疯魔似的童年的眷恋"的港湾。

这是生逢乱世唯一可行的自我慰解！

俞平老本人便很喜欢写梦境，如《梦记》《我想》等。他的《忆》有这样的两句诗：

> 小燕子其实也无所爱，
> 只是沉浸在朦胧而飘忽的夏夜梦里罢了。

小燕子可视为俞平老的自况自喻。

对于他来说，人生是一大梦，如果他不在朦胧的梦中去寻求心灵的慰藉、精神的寄托，他在大半生的政治风暴、巨大的人生逆流中，早已遭到灭顶之灾。

这是无奈何中的奈何！

韦奈兄在本书中曾写道俞平老病重的时候，曾念叨着"给写文章的人"寄钱，而收钱的人竟是文学后辈的我，那款款情谊，岂止于一泓的潭水，里边包含着无心的期待。

每当想起这桩事，便激动不已。

我与俞平老虽是忘年之交，他的道德文章，如高山流水，仰之弥高，是我这个文学小辈一生也难以沾到边的。想到他在视力几乎零的情况下勉力为他家乡学校写的横匾："业精于勤"，我便为之抖擞精神，没敢躲懒。

1992 年 11 月 15 日于香港

忘年交张贤亮

张贤亮很小就结识了我们一家，可是说是我的"发小"。他跟着我们叫"外公"。说起他与我们家的故事，那真的是要说上一大阵子，就想到不如引用以下的两篇文章，却又很是伤感，为我所爱的人们的离去。

张贤亮

悼外公

张贤亮

知道平伯公去世，是在乡下见报的。匆匆赶回城里给大姨挂长途，交谈中却也很平静。前一个月，即九月份我去武汉路经北京还看望过他老人家。看他灵魂已经离开了尘世，对世界和亲人已经完全陌生，仅剩下一副枯槁的躯壳让人从床上抱到沙发，从沙发抱到床上，不禁黯然。一代风骚，一派红学宗师，最后竟痴呆如此，也曾默默闪过还不如让他一死的念头。希腊哲人说过：死，并不是死者的不幸而是生者的不幸。而他的去世，我想，对他、他的家人，包括我在内，都可说是一种解脱。九十一岁，毕竟享到了天年，寿终正寝是大家意料中的事，因而也没有给我们生者造成不幸的感觉，外公平伯公可说是一生活得和死得都很洒脱，毫无亏欠了。

我的亲外公陈公树屏我并没见过，有一期《团结报》曾介绍过一些他的事迹。清末，他任江夏知县，湖广总督衙门总文案。那篇文章中说他老人家还做过点儿好事。辛亥革命后他在上海赋闲。有一天他突然有兴趣要去看文明戏，演的正好是武昌起义。看到起义爆发时他怕得从狗洞往外钻，竟在戏院里当场中风，抬回不久就故去了。而平伯公就极看得开，一次他和我聊起下放在河南农村，和外婆一块儿搓草绳的情景，还蛮开心的样子。其实，到一定的时候，狗洞也是可以钻钻的。所谓"龙门能跳狗洞能钻是也"，我亲外公如像平伯公这样洞明，说不定还能看见我出世呢。

我称平伯公为外公，是因为我母亲和大姨俞成的亲密关系，从世交的辈分论排的。在我被押去劳改的期间，我母亲从宁夏遣送回北京，一直和大姨一起住在平伯公家里。平伯公视我母如女，多承照拂，前后达十余年之久。平伯公住在老君堂的时候，我也常去，那时我小，顽劣不堪，见了平伯公悚然抖擞，不敢与言。二十余年我"平反"后，每次去北京，当然总要去看望大姨和外公平伯公的。近十年来一年中总要去几趟。这时他们已经搬到了南沙沟。我大了（是否顽劣还难说），他却老了。每次去，带些零食点心，他扶墙走到客厅，一起抽烟喝茶。知道我居然也会舞文弄墨，颇为欣慰，有些怡然自得的样子。但他已耳聋，说话很吃力，只能说点短语和家常闲事。我出了第一本书，送他一本，他翻了翻，也就搁在一旁。我知道他也不会看，以后也就不再送他。他吸起烟来一根接一根，烟灰不住地落在衣襟上。我并不觉得埋汰，反而感到那是一副不修边幅的文人风貌。那时他已八十多了。我问他长生之道。他笑着说，爱怎么活便怎么活，人就长生了。他一生从不讲究饮食，老了也吃肥肉；不运动，不练气功，起居无时，而在八十多的时候还能写字，记忆至少没有糊涂。这使我常想体育运动好像也没有什么益处。

偶然一次说到《红楼梦》，他也只是说，那不过是本小说，小说就是要把它当本小说看。话语虽短，我想这才是

288

张贤亮（左）与我母亲俞成（中）、妹夫罗先平（右）

把《红楼梦》钻透了的返本归原之谈。你要把它看成是本"教科书"，看作真正的历史书，也只能由你。但那必然是非文学的评论，从而会搞出许多社会学的花样来。热闹是热闹了，却与文学自身的研究并无教益。因为他已老了，有道是"一老一小"，老了就和孩子一样，每次去，只能带点吃食让他开心，或是租车出去找个讲究的餐厅"撮"上一顿。我与外公平伯公从没有认真谈过文学，竟没有讨教过如此亲近的一代文宗的教诲。现在回想起来我也不觉后悔，倒认为自己还是有体贴老人的孝心。要让一位垂垂老者翻肠倒肚地给你谈什么创作心得，自己是有收获了，而老人却筋疲力尽，这才是自私的表现呢。一位好友笑话我，我有一个曾富甲一方的亲祖父，还有这样一个著名文学家的"外公"，既没有得到过一分钱的遗产，也没有得到过一句有关创作的经验，看来我真不愧是个苦命的劳改犯。如果说是命该如此，那也没有什么办法。

外婆在1984年先他而去，此后他精神更为不济。我到北京要是不住宾馆，就睡在他隔壁房间里。深更半夜，总听见他大声呼唤外婆的名字和一些听不懂的话语，有时几达狂吼的地步。我并不感到森森然，反而体会到一位老人的眷恋之情和情感的孤独。想到自己，也不禁伤神而失眠，预料到将来的某一天我也会半夜中和他一样狂吼起来。读平伯公过去的文章，潇洒悠远而富朝气。后来正如众人所知道的，竟也被磨损得和一个普通老头没有两样。这既是生命的无情，也是社会的无情。而对这两方面的销蚀和挤压，我们都是无力与之抗争的。人，总是人嘛！但我想，外公平伯公深夜的狂吼，是不是也表现了一点点自己尚余下的不平之气与不甘心呢？

呜呼！外公，您的不平之气与不甘心也只能埋在地下了。每一个人都不是那么甘心地离开世界的。能做到您这样的俯仰无愧，也足够我们后人追思和仿效的了。

精彩
——韦奈为纪念贤亮兄而作

贤亮兄长我很多，称他为大哥。初识他在北京，那时我年幼，自然觉得他是一位好大的大哥。那是 1955 年的事。

有人问我如何评价贤亮的一生，我未加思索地回答了两个字：精彩！

1957 年一首《大风歌》带给他的是长达 22 年的牢役之灾，22 年所经历的苦难，成就了他传奇般的人生。1979 年平反后，《灵与肉》《绿化树》《男人的一半是女人》《习惯死亡》《边缘小说》《初吻》《一亿六》等一批小说陆续问世，引起全世界的关注。

1992 年，他亲手打造了西北神话般的，被宁夏乡亲誉为"宁夏之宝"，中国一绝的"西部影视城"，亲任公司董事长。

如此这般，还不够精彩吗？

贤亮兄独特的一生，与他的家庭在 1955 年发生的巨大变故有直接关系。那年，他那民族资本家的父亲死在上海的监狱里，他的母亲（我叫她陈婆）带着一双儿女在上海没了生计，便到北京，希望能追回一笔欠债维持生活。没想到到北京后，借债人逃之夭夭，若不是贤亮兄父亲的好友、我的六舅公许宝骙出手相助，这一家三口几乎要流落北京街头。就这样，贤亮兄一家住进了我六舅公为他们租赁的位于东城的土儿胡同两间不太大的平房里。母亲常常带我们去六舅公家，于是与陈婆相识，成了好朋友，我与贤亮兄以及他的小妹贤玲也成了"发小"的朋友。

贤亮兄是个有骨气的男子汉。他的男子汉气质是与生俱来的，他不能忍受那种需要施舍，寄人篱下的生活，年仅 19 岁，毅然决然加入了支援西北的行列。在宁夏落户，从农民到教师，待生活安定下来，把母亲、妹妹接到宁夏。他本该和家人过着平静的生活，却无端端因为《大风歌》被打成"右派"，锒铛入狱。在被抓走前，贤亮兄唯一的要求是"把我的母亲和妹妹送回北京"。就这样，他的母亲和妹妹再次回到北京，并从此由我母亲接济，不久住进了我家。陈婆在上海是有名的交际花，几乎没人不知道"小张太太"，但落魄的她，却十分顽强，先是把女儿送到甘肃省戏曲学校学习，以减轻我家的负担，随后她加入了"毛衣组"，靠织毛衣挣钱。至今我仍记得她从早到晚佝偻着坐在那里，手中的织针不停。仍记得她衣着虽然简朴，却永远干净利落，头发梳理得一丝不苟，俨然名门闺秀。"文化大革命"期间，贤亮兄从劳改农场逃回北京，只想看一眼多年未见的母亲，不承想他前脚刚进门，警察后脚就跟到，被带上手铐拉走。与母亲的见面不足十分钟，且这是最后的一面。不久他的母亲因病去世，才五十多岁。贤亮兄妹都不在身边，是我料理了陈婆的后事。未能在母亲身边尽孝，成了贤亮兄妹的终身遗憾。贤亮兄把这段往事写进了《习惯死亡》。

20世纪80年代，是我们交往最多的时候，那时他时常到北京出差开会，每到北京都要到我家看望我的外公和母亲，他称我母亲"大姨"，跟着我们叫"外公"，有时就住在家里。挑灯夜谈，是我那时的一大乐事，听他讲在监狱和劳改农场的生活，听他讲饥饿，讲女人，也才真正读懂了他小说中有关饥饿、人性、女人的描述。

说到饥饿，有这样的故事。狱友们最最开心的事就是能轮到"刮饭桶"。所谓刮饭桶，就是在分完那可怜的一点饭之后，按人按天，轮到的人可以用一个小茶匙去刮饭桶底，而能刮出来的虽然只是可数的几粒米，但那已经是天大的恩赐。人人都睁大着眼睛看那人贪婪地刮饭桶，羡慕他能在那天多吃进几粒米。饥饿和严重的营养缺乏带来的是死亡，在劳改农场每天都会有人睡了不再醒来，每天都有人倒在去农田的路上，每天都有整车的死人在深夜被拉出去。一天，他们看到门外停着一辆用草席盖得严严实实的板车，以为那是一车萝卜，夜里就溜出门去想偷来吃，用手一摸，哪里是萝卜！全是死人的胳膊大腿！贤亮兄走过鬼门关，那是在劳改农场的一天，上工时，他的同室好友一位大夫发现他不在出工人群的行列，便问："贤亮哪里去了？"工友回说："死了，送到了停尸房。"那位大夫根本不相信贤亮会死，大叫道："谁都会死，贤亮不会！"于是，他飞快地往停尸房跑。此时的贤亮从饥饿的昏迷中醒来，发现在停尸房里，便向门口艰难地移动着已经虚弱到极度的身体，又再度昏迷。多亏此时那位大夫赶到，撞开大门，把贤亮从死亡的边缘拉了回来。所以他说："我是从鬼门关走回来的人，当你知道死亡是怎么一回事之后，你就真正领悟了人生。"是啊，所以他"习惯死亡"，所以他此后的人生是如此潇洒精彩。

他活着，以"你只要能活下来就想尽办法活下去"的坚定信念，度过了他一生最艰苦的 22 年。

读书是贤亮兄始终的爱好，但在监狱和劳改农场他无书可读，于是一本《资本论》，一本《易经》成了他唯一可读且读了再读的书，"它们几乎被我翻烂了，可以毫不夸张地说我是《资本论》起家。"所以当你读他的作品，就会发现他博大的传统文化底蕴，严谨的逻辑，精辟的价值观和人生观，是《资本论》和《易经》造就了这样一位中国现代文坛上传奇的人物。

其实，贤亮兄本有许多机会离开这片带给他的家庭和他本人无数苦难的土地，但他没有离开。听他讲，在美国访问时，接他去台湾的车就停在楼下，美金就在手中，只要他点头，立刻可以离开，他拒绝了。留在美国，他也拒绝了。甚至要他到北京中国作家协会去任职，也被婉拒。"我离不开，离不开那片土地了。"他神色凝重地对我说。那一刻，我的心突然一震，望着他那张仿佛是被刀斧刻过一般饱经沧桑的脸，发自心底的佩服油然而升。是啊，正如电影《牧马人》（根据张贤亮短篇小说《灵与肉》改编）的女主人公秀芝说的那样："你可以把地图取下来带走，可那是纸上的，祁连山你背不走，大草原你背不走。"他背不走那片广袤的土地，只能留下，留下他带着泥土气息的文字，留下他永无止境的眷恋。以至临终之际，他仍坚持要回到西北影视城，他生长在那里，死也要死在那里。这是怎样的深情啊！

就这样，在我家住的北京南沙沟寓所，在他睡的房间里，听他讲那些讲也讲不完的荒唐而又真实的故事，有多少感动。当然，在这些谈话中，也从没有离开过女人。

20世纪80年代初，在北京，他热恋着一位比他小二十多岁的女子，我家也是他们时常见面的地方。那时的贤亮，脸上洋溢着一种此后我再没见到过的光彩，话语流露出我此后再没听到过的激动。那时的他宛如一个十七八岁情窦初开的少年，是那么真，那么纯。"到八十年代初，我已经五十多岁，才知道青春期这个词。我知道那是一段对爱情、对异性有萌动之心的人生岁月。"尽管这段恋情无果而终，但正如他对我说的那样："韦奈，你要相信这是我一生唯一一次的真爱，以后不会再有。我希望等我死后，你能写写我的这段情，你是最有发言权的。"我相信她是贤亮兄真爱的女人，相信她是贤亮兄此生的唯一，我相信她至今仍会记得那段情，那段动人心魄的爱。现在贤亮兄去了，但我并不想依他所说写出那段鲜为人知故事的背后，为着对贤亮兄和他深爱着女人的尊重。

很多人至今（尽管他现在已经离开人世）仍对贤亮兄

到底有多少情人感兴趣，其实这个问题他早在 2013 年回答《经济观察报》记者提问时回答得清清楚楚。记者问："你这辈子有过多少个情人？"答："微博说五个，太贬低我了。"到底有多少呢？如果一定要刨根问底，似乎会变得太无聊。对于一个在 39 岁时还"纯洁得和天使一样"的他来说，在获得接触女性的权利之后，他无论做什么都不过分，更何况他从不玩弄女性，无论他有几个情人，在他情感的瞬间，总会有真情的流露，有一份对女性的尊重和唯有他才懂的爱。因此，与他接触过的女人，不必一定是情人，能接近他，感受他，便已经是幸福了。

"韦奈，我不像你，二十几岁就接触到女人，所以你对女人的认识永远不会如我那般深刻。"我完全同意他的话。贤亮在 43 岁之前根本没法谈恋爱，他被管制着，被饥饿着，被死亡缠着，在劳改农场他见不到几个女人，"所以我对女人全都是幻想。"于是我明白了，为什么他笔下的女人都是那么美丽、美好、善良、温柔，为什么只要他的笔锋转到女人就立刻会散发出无尽的光彩。那是因为他有对女人无限的幻想，有对女人无比热爱的激情，有对女人的尊重与赞扬。

贤亮兄爱女人，自己的婚姻生活却不幸福，在劳改农场他与一个同样劳改的女人结婚，却不料被这女人告密他"偷听敌台广播"，被重投监狱。1979 年"平反"后不久，他"闪婚"娶了一位大学生，又是"驴唇不对马嘴"，虽未离婚，却长期分居。此后，他与在他家打工的农村女子相伴，虽无共同语言，却得到这女人朴实的呵护与照顾，使他在回到家里后，至少还一盆热热的泡脚水在等他。我深为贤亮兄感到遗憾，以他对女人的爱，他本应当有一个爱的小天地，有一份属于他的男女情。如今他去了，但他43岁之后与女人们的故事，依旧精彩。

"我一直对走过我身边的女人说，爱情要以悲剧结束才显得美满。"这或许就是贤亮兄的追求，这或许就是他在悲剧中寻到的美满。

贤亮兄一生坎坷，却始终感到快乐，因为他服从命运的安排，又不甘让命运摆布，依他的话说："对于命运的安排，还是不要怀有恨意为好。不管怎样都不要贪、嗔、痴、慢、疑。这五个东西千万不要有，你才能快乐。""我当然不知道自己会活多少岁，我只知道今天下午在这喝茶挺享受的。我不知道明天的事情，说不定明天又来了个王小姐，也说不定谁也不来了，我就一个人坐着。我不管明天的事情，更不管死后的事情。过去的事你管它干什么？已成定局。"

贤亮兄，不必管死后的事了，你的一生已成定局，那就是"精彩"。

忘年交邵振国

在征得邵振国先生同意后，以下引用他近期所写《珍贵的纪念》一文。邵振国与外公的交往远在20世纪80年代，因他在西北工作，虽与外公的交往有限，却给他留下了十分深刻的印象，至今不忘。

邵振国

珍贵的纪念

邵振国

俞平伯先生赠我的两幅字，我一直珍藏着。

珍藏在我的书房内，未裱，未挂，未曾出示给旁人看过，仅仅与先生赠我的书一起安放在我的书柜内。这是出于我对俞平伯先生的敬重和敬畏，以我的为人，我不会以先生对一个晚辈和孩子的厚爱来炫耀什么，因为那时我的确是一个很无知很无知的孩子，先生作为一代"红学"的丰碑、现代文学史上诗歌散文的巨匠，的确是对一个年少无知的孩子盼其成长进步，才送我那两幅字的。我如今展示出它，也只为证明先生的高尚人品和慈爱，也为我对先生的缅怀，先生已于20世纪即1990年10月15日逝世了。

那是"文革"结束，刚刚恢复高考的时候，距今已显得很远了，那时先生已接近 80 岁。我是个 20 余岁的青年，为报考某高校文学系去北京参加考试。此前由于亲戚朋友关系，我们把先生的大女儿俞成叫大姨，自然就把大姨的父亲称呼"外公"。复习考试期间我就住在俞成大姨家。最早她家尚在建国门外大街的一栋楼上，记得那边外国驻华使馆特别多，其他我都淡忘了。后来俞平伯的家才迁到西郊南沙沟的国务院宿舍，就在"七机部"的对面。这两幅字，即是先生在南沙沟住宅楼的一楼那个家中，为我留下的宝贵墨迹，它不仅记录着那位慈蔼、爱人的"外公"，对一个整日埋头屋内看书复习的青年的关爱和希望，笔墨间似乎还浸透着我的青春年华和生命记忆！

　　大姨安排我跟她的儿子韦奈住一间屋——那是一套很宽阔的、装修设施不错的大三室一厅。大姨说，要不然就让我跟她住一屋了，她每晚都要给她的孙子宁宁陪练小提琴，还要教英语，怕吵了我。韦奈则白天去北京舞蹈学院上班，搞钢琴伴奏，他的钢琴弹得非常好，我有幸多次聆听，我常邀请他演奏，但一般晚间他不演奏，只是笑着朝外公那间屋努一努嘴，是说外公怕吵。如今他已是学院资深的音乐教授了，我也依旧时常记起他弹得极为精彩的钢琴声，那旋律很激情激越，那是柴可夫斯基的《四季》，我如今想来，它也非常像我的青春岁月！

　　吃饭在那间大客厅，大家围坐在那张十分简单的折叠餐桌旁。多时外公、外婆也在，大姨说，那就是他高兴的时候，才和大家一起就餐。有时则把饭菜送进他的屋去。我到外公的那间分不清是卧室还是书房的屋去转过几次，既有他和外婆的卧榻，也有他的书案写字台，靠墙立满书架。那间客厅的半周转角也摆着低式书柜，柜面摆满书籍。外公在卧室内常翻阅报纸，看看杂志，有时还能听见他唱昆曲，是那种击节击板的吟唱。我则坐在一边小沙发上默默地听听。我那时尚不会向先生求教什么学问，没有那个能力，虽然我确实已经拜读过《红楼梦辨》，并且还看过他1954年发表在《新建设》杂志上的那篇文章《红楼梦简论》，是我特意从图书馆查找到读的，但是我幼稚得不可能有什么观点或问题提出来。记得有一次聊天时，大姨也在，我刚说出"红楼梦辨"这个词，大姨向我眨了眨眼皮，是怕我勾起外公不愉快的、不愿意说的话题。

　　但毕竟已是70年代末了，有一天来了两个北大的研究生，事先电话约好来听课，就在客厅里，在那张古旧的餐桌旁，他们请教先生的依旧是"红学"。那天我悄悄地坐在墙角的沙发上，一旁聆听了先生的讲课。授课之后两位学生开出了几张课时费，放在桌上告辞，大姨高兴地说：哈！可以请你去"新侨"西餐厅吃一顿啦！我由此看出，那时俞平伯讲学的机会还非常少而稀罕，使大姨高兴；其二看出先生喜欢吃，尤其是西餐。后来，1985年我结婚不久到北京，便请外公、大姨、韦奈一家人，去了一家很著名的酒店西餐厅，同时邀请了我的责任编辑、人民文学出版社《当代》杂志的副主编汪兆骞老师夫妇在座。就餐时汪老师与俞平伯先生交谈得非常和蔼、投合。

而在我复习高考的时候，我的心情不无苦闷压抑，自己写了一首不堪为诗的东西，至今记得那头两句是："老去应试学范进，新来拙笔写蹉跎……"不想被大姨看到了，她笑着并拿给了外公。外公不仅看了，还帮我修改了，让它有点儿像诗了！更让我没想到的是，俞平伯没有笑话这样一个落寞无为而苦闷的青年，却鼓励我要"壮怀兴起"，还与一个无知的晚辈一起，"同看前景是青春"！我两手捧着外公赠给我的那幅字，当即就热泪盈眶了。

如今我仍在庆幸，不是大姨把我那几句歪诗拿给外公看，先生不会想起给我写什么励志的字，如是说，是大姨为我"抛砖引玉"了！

另一幅字，我记得是我赴《北京文学》杂志笔会的时候去

外公赠邵振国的第一幅字

看望外公和大姨，先生为我写的。虽是"祝辛亥革命七十周年"的内容，但我理解俞平伯先生还是为鼓励青年人努力上进，希望他们在文学上取得成功，报效国家，所以先生依旧写道"同心亿兆巩金瓯"。

岁月如梭，我常拜读先生的著作文集，却很少时候拿出这两幅字来捧阅。时值今天《文艺报》编辑颜慧主任为"收藏"栏目向我约稿，我不知道该写什么，才捧出它来。它的折叠印痕如同岁月一样留在纸面上，我不知道读者看后会怎样想，而我却又记起了那段对于我的生命之成长

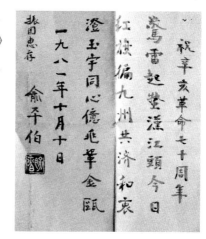

外公赠邵振国的第二幅字

弥足珍贵的时光！以及俞平伯先生的高大身影和令人崇仰的品格！

2011 年 5 月 12 日于兰州

未尽的话

　　拉拉杂杂写了许多，然而不管怎样，也无法写尽这位文学巨匠辉煌却又坎坷的一生。

　　他身边还有许多人和事，无法一一细数。虽未窥全豹，却可见一斑。我的愿望也就达到了。

最后的微笑（1990 年）

在写作的过程中，我亲爱外公的音容笑貌时时浮现在眼前，他陪伴着我，敦促、鼓励着我，令我不敢有一丝的怠慢，并被那无数的往事感动着。

时常会为老君堂寓所的破败感到遗憾，也因之动情。然而细想，那由兴到衰的过程，不正是历史的必然？

外公和他身边许许多多的人和事已成历史，然而，青史留名者，在芸芸众生中能有几人？想到这里，便释然。

梦短梦长都是梦，年来年去又何年！

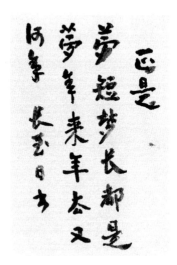

外公手迹